KB072890

신용하 교수의 독도 이야기

차례

Contents

독도 영유권 논쟁의 시작

독도의 위치와 자원

독도(獨島)는 경위도상으로 북위 37도 14분 18초, 동경 131도 52분 22초 지점에 있는 동해 가운데의 섬이다. 행정구역상으로는 경상북도 울릉군 울릉읍 독도리 산 1~37번지에 속해 있고, 대한민국의 가장 동쪽에 있는 영토이다. 독도의 서도(西島)는 독도리 산 1~26번지이고, 동도(東島)는 독도리 산 27~37번지이다.

독도는 한국의 울릉도로부터 동남쪽으로 약 92킬로미터(약 49해리) 지점에 있고, 일본의 가장 가까운 섬인 시마네현 오키도[隱岐島, 玉岐島]로부터는 서북쪽으로 약 160킬로미터(약 86

해리) 떨어진 지점에 있다. 본토로부터의 거리는 한국 동해안 울진군 죽변(竹邊)항으로부터 215킬로미터의 지점에, 일본 시마네현 사카이고[境港]로부터는 220킬로미터, 에도모[惠曇]로부터는 212킬로미터 지점에 있다.

독도는 동도와 서도의 두 개 섬과 그 주위에 흩어져 있는 36개의 암초로 구성되어 있는 작은 군도(群島)이다. 동도와 서도 사이의 거리는 약 200미터인데, 그 3분의 2까지는 수심이 2미터가 채 안되는 연결된 섬들이다. 독도의 총면적은 18만 6,121평방미터이고, 산꼭대기의 높이는 서도가 174미터, 동도가 99.4미터이다.

독도는 서양인들이 19세기 말에 리앙쿠르 암(岩, Liancourt Rocks)이라는 이름을 붙였으나 암초는 아니고, 소도(小島, islets)라고 보는 것이 정확하다. 독도는 동도와 서도의 두 소도 외에 주위의 36개 암초까지 합하여 한 개의 소열도(小列島)를 이루고 있다.

독도는 울릉도의 부속 섬으로 울릉도와 함께 동해 한가운데 있는 단 두 개의 섬이기 때문에, 암초를 중심으로 부근에 서식하는 어류들이 철따라 몰려들어 수산자원이 풍부하다. 특히 흑돔, 개볼락, 조피볼락, 달고기, 오징어, 문어, 방어, 가자미, 가오리, 새우, 소라, 전복, 해삼, 성게 등이 풍부하며, 또한 동해에서만 발견되는 멸치 크기의 미개발 수산물인 앨퉁이는 330만 톤으로 추정되어 앞으로 황금어장으로서 수산자원의 개발 가능성이 매우 크다.

독도 부근의 대륙붕과 해저에 대해서는 아직 정밀한 조사가 이루어지지 않았지만, 러시아의 연구소들은 천연가스 하이드레이트(Gas Hydrates: 메탄이 주성분인 천연가스가 얼음처럼 고체화된 상태)가 독도 부근 해저에 매장되어 있다고 보고하고 있다. 또한 일본에서도 울릉도·독도 부근 일대를 천연가스 징후 지대로 분류하고 있다. 이는 앞으로의 조사 연구 과제라고 할 것이다.

독도는 동해 한가운데 있는 섬으로 사람이 몇 가구는 상주할 수 있고, 부근의 경관이 아름다우며 매우 특수하기 때문에 섬 그 자체가 훌륭한 관광자원이다. 또한 독도는 한국의 가장 동쪽 끝에 있고 동시에 동해의 중앙에 있기 때문에 국방상의 극히 중요한 요충지임은 더 말할 필요도 없다.

뿐만 아니라 독도는 한국의 가장 동쪽 끝에 있기 때문에 독도의 경제수역은 일본의 경제수역과 연결되어 있다. 따라서 한국 민족이 약해지거나 독도 수호 의지가 약해지면 언제든지 외국의 침탈 야욕의 대상이 되기 쉬운 위치의 섬이라고 할 수 있다. 현재는 일본이 '영유권 논쟁'을 걸어오고 있는 섬이기도 하다.

독도 영유권 논쟁의 시작

한·일간의 '독도 영유권 논쟁'은 1952년 1월 일본 측에 의해 시작되었다. 대한민국 정부는 1952년 1월 18일 '인접 해양의 주권에 대한 대통령 선언(통칭 평화선)'을 발표했다. 일본은 열흘 뒤인 1952년 1월 28일 평화선 안에 포함된 독도(일본호칭 다케시마, 竹島)를 일본 영토라고 주장하면서 독도를 한국 영토라고 하는 대한민국의 주장을 인정하지 않는다는 내용의 외교문서를 보내와서 '독도 영유권 논쟁'이 시작되었다.

한국 정부는 일본 정부의 항의를 일축하고, 독도가 역사적으로 오래된 한국 고유의 영토일 뿐 아니라, 1946년 1월 29일 연합국 최고사령부가 지령(SCAPIN) 제677호로서 독도를 한국 영토라고 판정하여 한국에 반환시켰으며, 또 연합국 최고사령부가 훈령 제1033호로서 독도를 한국 영토로 거듭 재확인했음을 상기하라고 지적하였다.

그 후 '독도 영유권 논쟁'은 한국 정부와 일본 정부 사이에 외교문서를 통해 치열하게 전개되었다. 뿐만 아니라 일본 정부는 1953년 6월 27일, 6월 28일, 7월 1일, 7월 28일 일본 순시선에 관리 및 청년들을 태우고 와서 독도에 상륙시켜 침입하였다. 한국 측은 일본 측의 이러한 행동에 민간인과 정부가 모두 함께 단호하게 대응하여 일본 측의 도발을 물리쳤다.

정부에서는 한국 경찰대를 파견하여 독도에 깊숙이 접근한 일본 선박들에게 영해를 불법 침입했다고 경고하고, 울릉도 경찰서까지의 동행을 요구했다. 일본 선박들이 불응하고 도망하자 한국 경찰대는 몇 발의 경고 발사까지 하면서 강경하게 대응하여 이들을 쫓아버렸다.

또한 민간에서는 울릉도 주민들이 자발적으로 '독도 의용

수비대(대장 홍순칠)'를 조직하고 무기를 구입하여 독도에 건너가서 대항하였다.

당시 한국 정부는 평화선 안에 침입한 일본 어선들을 나포하여 재판에까지 부치는 등 완강한 독도 수호 의지를 보였다. 이를 본 일본 측은 외무성이 앞장서서 독도가 역사적으로 일본 영토임을 증명하려고 다수의 학자와 연구자들을 동원해서 문헌 자료 조사를 광범위하게 실시하였다. 그리하여 '독도 영유권 논쟁'은 약간 소강 상태에 들어가게 되었다.

그러다가 1994년에 유엔에서 '신해양법'이 통과되어 200해리의 '배타적 경제 전관수역(Exclusive Economic Zone: 약칭 EEZ)'을 '영해'와 별반 다름없이 설정할 수 있게 된 사실과 관련하여 '독도 영유권 논쟁'이 다시 격화되었다. EEZ를 선포하려면 기점(base point, base line)을 자기 영토에서 잡아야 하는데, 한국이 독도를 기점으로 취해 한국 EEZ를 선포할 수 있게 되어, 독도의 200해리 영해를 생산해 낼 수 있는 능력 때문에 독도의 해양적 가치가 더욱 높아지게 되었다. 이에 독도에 대한 일본 측의 야욕이 더욱 증대된 것으로 보인다.

일본은 1995년 총선거에서 여당 측이 '독도(죽도) 침탈'을 '탈환'이라고 바꾸고 독도 탈환을 공약의 하나로 내세웠다. 또한 일본 정부는 1996년 이케다[池田] 외상이 내외 언론 기자들을 모아 놓고 성명을 발표하여 "독도는 역사적으로나 국제법상으로 일본의 영토이니, 한국은 독도에 주둔한 한국 경찰대를 즉각 철수하고 (독도에) 부착한 시설물을 철거하라."고

세계를 향해 요구하였다. 또한 일본 외상은 뒤이어 주일본 한국 대사를 외무성으로 불러 동일한 내용을 요구하였다.

이어서 일본 정부는 1996년 2월 20일 독도를 포함한 200해리 배타적 전관수역을 채택하기로 의결하고, 국회에 송부했다. 일본 국회는 1996년 5월에 200해리 전관수역을 채택하기로 의결하고 '독도'를 일본 EEZ의 기점으로 취한다고 발표했다. 그리하여 일본은 200해리가 중첩되는 동해의 경우 일본 EEZ 구획선은 울릉도와 독도 사이에 획정하자고 주장하였다.

뿐만 아니라 일본 정부는 1997년도 「외교 백서」에서 일본 외교의 10대 지침의 하나로 '독도 침탈(탈환) 외교'를 설정하였었다.

독도 영유권의 합리적 근거

역사적으로 독도는 누구의 땅인가

독도는 역사적으로 어느 나라의 영토인가? 독도가 역사적으로 한국 영토라면 독도는 언제부터 한국 영토가 되었는가? 일본 정부는 독도가 역사적으로 오랜 옛날부터 한국의 고유 영토임을 모르고 있는 것인가?

독도는 역사적으로 서기 512년(신라 지증왕 13년) 우산국(于山國)이 신라에 병합된 때부터 한국 고유의 영토가 되었다. 이 사실은『삼국사기』의 두 곳(신라본기 지증왕 13년 조와 열전 이사부 조)에 잘 기록되어 있다.

여기서 일본 측은 혹시 '우산국'은 '울릉도'만을 영토로 하고 독도는 우산국의 영토가 아닐 수도 있지 않느냐고 질문을 보낸 적이 있다. 그러나 우산국의 영토는 울릉도뿐만 아니라 독도까지 포함하고 있다는 사실을 증명하는 고문헌이 여러 건 있다. 대표적인 것으로 ①『세종실록』지리지, ②『만기요람(萬機要覽)』군정편(軍政篇), ③『증보문헌비고(增補文獻備考)』등 기타 여러 고문헌들을 들 수 있다.

『세종실록』지리지의 원문에는 다음과 같이 기록되어 있다.

> 우산(于山)과 武陵(무릉·우릉)의 두 섬이 현(울진현)의 정 동쪽 바다 가운데 있다. 두 섬이 서로 거리가 멀지 아니하며 날씨가 청명하면 가히 바라볼 수 있다. 신라 시대에는 우산국이라 칭하였다.[1]

여기서 우선 주목할 것은 우산도와 울릉도를 두 개의 섬으로 구분하여 기록하고 있을 뿐만 아니라, 두 섬이 서로 거리가 멀지 않아 날씨가 청명한 경우에는 볼 수 있다고 기록하고 있다는 점이다. 동해의 중요한 지리상 특징 중 하나는 바다 중앙에 큰 섬이 울릉도와 독도의 두 섬 밖에는 없다. 울릉도 주변에는 몇 개의 큰 바위섬이 있는데 이들은 울릉도에 너무 가까워서 날씨가 청명하지 않아도 크게 잘 보인다. 오직 날씨가 청명한 경우에만 조그맣게 서로 보이는 섬은 동해에 울릉도와

---

1) 于山·武陵二島 在縣正東海中 二島相距不遠 風日淸明 則可望
見 新羅時稱于山國.

독도 밖에 없다.

오늘날에도 날씨가 청명하면 울릉도에서 '독도'가 보인다. 울릉도와 독도의 거리는 92킬로미터인데, 지구가 둥글기 때문에 해변에서는 보일 때도 있고 잘 안 보일 때도 있으나, 200미터 이상의 울릉도 고지에서는 날씨가 청명하면 선명하게 잘 보인다. 특히 울릉도의 성인봉에서는 독도의 모습이 선명하게 잘 보여서, 울릉도에서는 이를 관광자원 항목으로 사용할 수도 있다.

세종 시대에는 울릉도를 武陵島(무릉도·우릉도, '武'의 중국음은 '우')라고 불렀음이『세종실록』에 매우 많이 나온다. 그리고 독도는 '우산도'라고 불렀다. 이 사실은 17세기 고지도에서 오늘날 독도의 정확한 위치에 울릉도 이외의 또 하나의 섬을 '우산도'라고 기록한 사실에서도 재확인된다.

『세종실록』지리지는 이러한 '울릉도(武陵島)'와 '독도[于山島]'를 '우산국(于山國)'이라고 칭했다고 기록함으로써, 우산국이 울릉도와 독도를 영토로 한 해상 소왕국이었음을 명백하게 기록하고 있다. 따라서 '우산국'이 서기 512년(신라 지증왕 13년)에 신라에 병합되었다는 것은 영토상으로 울릉도와 독도가 신라에 병합되었음을 의미하는 것이다.

그 다음 고문헌 자료로서『동국여지승람(東國輿地勝覽)』과 『신증동국여지승람(新增東國輿地勝覽)』이 있다. 이 책에서는 강원도 울진현 조에 "우산도·울릉도 : 무릉이라고도 하고 우릉이라고도 한다. 두 섬은 현의 똑바른 동쪽 바다 가운데에 있다."[2]고 기록하였다.

조선왕조는 1481년(성종 12년)에 『동국여지승람』을 편찬하였고, 50년 후인 1531년(중종 26년)에는 이를 증보하여 『신증동국여지승람』을 편찬하였다. 증보한 부분에는 표시를 하였다. 현재 『동국여지승람』은 전해지지 않으나, 그 내용은 『신증동국여지승람』에 모두 포함되어 있다. 『동국여지승람』 『신증동국여지승람』은 단순한 관찬 지리서가 아니라, 조선왕조가 영유하는 영토에 대한 규정과 해설서이기 때문에 매우 중요한 것이다. 이 책에 수록된 지역이나 군·현과 섬들은 모두 조선왕조의 영토인 것이다.

즉 조선왕조 조정은 『동국여지승람』 및 『신증동국여지승람』에서 조선왕조가 통치하는 영토 내용을 규정하고 그 영토들에 대한 내력과 지리적 해설을 정리하여 편찬 간행해서 국내외에 널리 반포함으로써, 자기의 통치 영토를 세상에 명백히 천명한 것이다. 이러한 『신증동국여지승람』에서 새롭게 보강된 부분이 아닌 원래의 『동국여지승람』 부분에 우산도와 울릉도 두 섬이 행정구역상으로 강원도 울진현에 속한 조선왕조의 영토임을 밝혀 놓은 것이니, 이 자료는 독도가 조선왕조 영토임을 15세기에 명확하게 증명하여 세계에 천명한 결정

---

2) 于山島·鬱陵島: 一云武陵 一云羽陵 二島在縣正東海中 (下略).

적으로 중요한 자료인 것이다. 『동국여지승람』의 이 기록은 『세종실록』 지리지를 계승한 것이라고 볼 수 있다.

독도가 우산국의 영토로서 이미 서기 512년 이래 한국 영토임을 증명하는 그 밖의 고문헌 자료에는 1808년에 편찬된 『만기요람』 군정편도 있다. 이 고문헌에서는 "『여지지(輿地志)』에 이르기를 울릉도와 우산도는 모두 우산국 땅(영토)이다. 우산도는 왜인들이 말하는 송도(마쓰시마)이다."라고 기록하였다.

이 자료에서 인용된 『여지지』라는 책은 현재 발견되지 않은 책이다. 그러나 이를 인용한 『만기요람』 군정편이라고 하는 조선왕조 정부가 편찬한 책에 인용된 위의 기록은 두 단원에서 '독도'가 우산국 영토였고 한국 고유 영토임을 증명하고 있다.

우선 첫째 문장에서 "울릉도와 우산도는 '모두' 우산국 땅"이라고 해서, 울릉도 뿐만 아니라 '우산도'도 '모두' 옛날의 우산국 영토임을 명백히 밝혀 증명하고 있다.

둘째 문장에서 "우산도는 왜인들이 말하는 송도이다."라고 해서 우산도가 바로 오늘의 '독도'임을 거듭 밝히고 있다. 오늘날과 달리 일본은 1870년대 말까지는 조선의 울릉도를 '죽도'(다께시마)로 호칭하고 조선의 독도를 '송도'로 호칭하였다. 이것은 일본의 모든 학자들과 일본 정부도 인정하고 있는 사실이다. 위의 자료의 둘째 문장에서 "우산도는 왜인들이 말하는 송도이다."라고 한 것은 "우산도는 곧 (오늘의) 독도이다."라는 의미이다.

그러므로 『만기요람』 군정편은 독도가 울릉도와 함께 '모두' 옛 우산국 영토임을 명백히 증명해 주고 있으며, 또한 독도가 1808년 이전에는 한국에서 '우산도'라고 불렸고, 한국 고유 영토였음을 명백히 증명해 주고 있는 것이다.

한국 고문헌뿐만 아니라 일본 고문헌들도 모두 독도를 한국 영토로 기록하고 있다. 예컨대 일본 고문헌에 독도가 최초로 나오기 시작한 자료라고 하여 일본 정부가 외교문서로 1960년에 한국 정부에 알려온 바에 의하면, 1667년에 편찬된 『은주시청합기(隱州視聽合記)』라는 보고서가 일본 최초의 고문헌이다.

일본 정부 외무성의 설명에 의하면 이 책은 출운(出雲)의 관리[蕃士] 사이토[齋藤豊仙]가 번주(藩主: 大名, 봉건영주)의 명을 받고 1667년(일본 寬文 7년) 가을에 은기도(隱岐島: 隱州)를 순시하면서 보고 들은 바를 기록하여 보고서로 작성하여 바친 것이다. 이 책에서 처음으로 독도를 '송도'로, 울릉도를 '죽도'로 호칭하여 언급했다고 하였다. 그 기록 내용은 다음과 같다.

은주는 북해(北海) 가운데 있다. 그러므로 은기도라고 말한다. …술해간(戌亥間: 서북 방향)에 2일 1야(夜)를 가면 송도가 있다. 또 하루 거리에 죽도가 있다. 속언에 이소다께시마[磯竹島]라고 말하는데 대나무와 물고기와 물개가 많다. 신서(神書)에 말한 소위 50맹(猛)일까. 이 두 섬(송도와 죽도)은 무인도인데, 고려를 보는 것이 마치 운주(雲州: 出雲國)에서 은기도를 보는 것과 같다. 그러한즉 일본의 서북(乾) 경계지는 이 은주로써 그 한계를 삼는다.

위의 기록을 정밀하게 검토해 보면, 이 보고서는 항해 거리 일수를 통하여 독도를 '송도'로, 울릉도를 '죽도'라고 호칭하면서 독도를 일본에서는 처음으로 기록하고 있다. 또한 독도와 울릉도가 모두 조선 영토이고 일본 영토가 아님을 명백히 기록하고 있다. 즉 독도와 울릉도에서 고려(조선)를 보는 것이 마치 일본의 운주에서 은기를 보는 것과 같아서, 이 두 섬, 울릉도와 독도는 고려에 속한 것이고, 그러한즉 일본의 서북쪽 경계는 은기도(隱岐島)로서 한계를 삼는다고 밝히고 있는 것이다.

일본에서 최초로 독도의 존재를 기록한 1667년의 『은주시청합기(隱州視聽合記)』도 울릉도와 '독도(松島)'는 고려(조선)에 속한 고려 영토이고, 일본의 서북쪽 국경은 隱岐島(은기도: 隱州)를 한계로 한다고 명백히 기록하고 있다.

일본 정부가 일본의 고문헌 중에 최초로 독도의 존재를 인지하여 기록했다고 한국 정부에 알려온 『은주시청합기(隱州視聽合記)』는 일본 정부의 주관적 의도와는 반대로 객관적으로는 '독도(松島)'는 한국 영토이며, 일본의 서북방 영토는 은기도에서 끝나고 있음을 명백하게 알려주고 있는 것이다.

그 후에 독도를 기록한 일본 고문헌들로서 현재까지 발견

15

된 모든 고문헌들은 독도가 한국 영토이고 일본 영토가 아니라고 기록하고 있다.

독도는 역사적으로 명명백백하게 한국 고유 영토인 것이다.

국제법상 독도는 누구의 땅인가

독도는 국제법상으로 이미 1900년 대한제국이 지방행정 제도를 개편하여 울릉도에 군을 설치하고 독도를 이에 포함시켜 『관보(官報)』를 통해 세계에 공표했을 때 이미 서양 국제법 체제에서도 한국 영토로 재선포된 한국의 영토이다.

대한제국 정부는 일본인들이 개항 후 울릉도에 불법으로 들어와 거주를 시작하자 일본 측에 대한 항의를 강화함과 동시에 몰래 섬에 들어온 일본인을 대한제국의 권력으로 추방하는 조치의 일환으로 울릉도에 대한 행정 관리를 강화시켰다.

즉 대한제국 정부는 울릉도, 죽서도, 독도를 묶어서 하나의 '군'을 만들어 지방행정상의 지위를 격상시키고, 울릉도에는 '군수'를 상주시켜서 울릉도 및 독도의 수호와 행정 관리를 강화하기로 하였다.

이를 위해 먼저 내부대신 이건하는 1900년 10월 22일 울릉도, 죽서도, 독도를 묶어서 '울도군(鬱島郡)'을 설치하고 도감 대신 '군수'를 두는 지방제도 개정안을 의정부에 재출하였다. 개정안은 1900년 10월 24일 의정부 회의에서 8대 0의 만장일치로 통과되어 황제의 재가를 받았다.

「칙령 제41호.

울릉도를 울도(鬱島)로 개칭하고 도감을 군수로 개정한 건.

제1조, 울릉도를 울도라 개칭하야 강원도에 부속하고 도감을 군수로 개정하야 관제중에 편입하고 군 등은 오등으로 할 사.

제2조, 군청 위치는 태하동(台霞洞)으로 정하고 구역은 울릉전도(鬱陵全島)와 죽도 석도(石島)를 관할할 사.

1900년 대한제국 칙령 제41호를 수록한 『관보』. 1900년 울릉도와 죽도, 석도(독도)를 관할하는 행정 구역으로 울릉군을 설치한다는 대한제국 칙령 제41호를 게재하였다.

제3조, 개국 오백사년 팔월 십육일 관보 중 관청사항난내 울릉도 이하 십구자를 사거하고 개국 오백오년 칙령 삼십육호 제오 조 강원도 이십육 군의 육자는 칠자로 개정하고 안협 군하에 울도군 삼자를 첨입할 사.

제4조, 경비는 오등군으로 마련하되 현금간인즉 이액이 미비하고 서사(庶事) 초창하기로 해도수세(海島收稅) 중으로 우선 마련할 사.

제5조, 미진한 제조는 본도 개척을 수(隨)하야 차제 마련할 사.

광무 사년 시월 이십오일

어압 어새 봉

칙 의정부 임시서리 찬정 내부대신 이건하」

이에 대한제국 정부는 1900년 10월 25일자 칙령 제41호로 전문 6조로 된 울릉도를 울도로 개칭하고 도감을 군수로 개정한 건을 이상과 같이 『관보』에 게재하고 공포한 것이었다.

대한제국의 이 칙령에 의해 울릉도는 울진 군수(때로는 평해군)의 행정을 받다가 이제 강원도의 독립된 군으로 승격되었다. 그리고 울릉도의 초대 군수로는 도감으로 있던 배계주가 주임관 6등으로 임명되었으며, 뒤이어 사무관으로 최성인이 임명 파송되었다.

여기서 우리의 주제와 관련하여 주목할 것은 제2조의 울도군은 "구역은 울릉전도와 죽도, 석도를 관할할 사"라고 한 부분이다. 여기서 죽도는 울릉도 바로 옆의 죽서도를 가리키는 것으로 이규원의 『울릉도검찰일기』에서 확인된다. 그리고 석도는 독도를 가리키는 것이 틀림없다. 당시 울릉도 주민의 대다수는 전라도 출신 어민들이었는데, 전라도 방언으로는 '돌'을 '독'이라고 하고 '돌섬'을 '독섬'이라 부른다는 것은 잘 알려진 사실이며, 대한제국 정부는 '독섬'을 의역하여 '석도'라고 한 것이다. 울릉도 초기 이주민들의 민간 호칭인 '독섬', '독도'를 뜻을 취해 한자로 표기하면 '석도'가 되고, 발음을 취하여 표기하면 '독도'가 되는 것이다.

대한제국 정부가 1900년에 칙령으로서 행정구역을 개편하여 울도군을 설치하면서 울도 군수의 통치 행정 지역에 울릉도·죽서도와 함께 '석도(돌섬=독섬)'라는 명칭으로 독도에 대한 행정 지배권을 거듭 명백히 공포한 것은 매우 중요한 사실이다.

'울도군'을 설치할 때 구통치 구역인 독도의 명칭을 이전처럼 '우산도'라고 하지 않고 '석도'라고 표시한 이유는 울릉도 재개척 이후 울릉도에 이주한 남해안 어민들이 종래의 '우산도'를 바위섬, 즉 '돌섬'이라는 뜻으로 '독섬'이라고 부르고 있었기 때문이었다. 남해안 사투리(특히 울릉도 이주민의 다수를 형성한 호남지방 남해안 어민들의 사투리)로는 '돌[石]'을 '독'이라고 하였다. 그리하여 1900년 당시에는 '우산도'를 울릉도 거주민들은 '독섬'이라고 호칭하고 있었고, 위에서 설명한 바와 같이 이 '독섬'을 한자로 번역할 경우 뜻을 취한 '의역'일 때에는 '석도'라 하고, 발음을 취한 '음역'일 때에는 '독도'라고 표기하고 있었다.

그러면 이 무렵에 우산도를 발음을 취하여 독도라고 표기한 기록도 발견되는가? 발견된다. 일본 해군이 독도에 망루를 설치하기 위한 사전 준비로 군함 신고호(新高號)를 울릉도와 독도에 파견했는데, 먼저 울릉도에 들러서 주민들로부터 청취조사를 하도록 했다. 『군함신고호행동일지(軍艦新高號行動日誌)』 1904년 9월 25일조에는 "송도(울릉도-인용자)에서 리앙꼬르드암 실견자(實見者)로부터 청취한 정보; 리앙꼬르드암은 한국인은 이를 '독도'라고 쓰고, 본방(일본-인용자) 어부들은 '리앙꼬도'라 한다."는 구절이 있다.

일본에서는 '우산도'를 1882년 이전까지는 '송도'라고 불렀다가 일본 해군성이 '울릉도'를 '송도'라고 옮겨 호칭하고 표기한 1882년 이후에는 '우산도'의 일본 호칭이 없어졌으므로 '리앙꼬르드도', '리앙꼬도'라고 호칭하기도 했다.

위의 일본 군함 신고호의 보고는 바로 '우산도', '리앙꼬도'라고 일본 어부들이 부르는 그 섬을 한국인들은 '독도'라고 쓴다고 기록하고 있으니, '우산도=독도=리앙꼬도'임이 명백한 것이다. 더구나 이 일기 보고의 기록 일자는 일본이 독도를 침탈하기 이전인 1904년의 것임을 주목할 필요가 있다.

대한제국의 1900년 칙령 제41호의 공포는 '근대'에 들어와서 한국 정부가 '독도'에 대해 통치권을 행사하고 제도화한 국제법상으로 매우 중요한 행정 조치였다.

대한제국이 1900년 칙령 제41호로 울도군의 행정구역 안에 독도[石島]를 명확히 표시한 것은 당시의 만국공법(국제공법) 체계 안에서 대외 교섭을 하고 있던 대한제국이 종래의 고유 영토인 '독도'에 대하여 다시 근대 국제법 체계로 독도가 대한제국의 영토임을 재확인한 획기적인 것이었다. 더구나 이 칙령 제41호는 『관보』에 게재되어 전 세계에 공표되었다.

1900년 대한제국 칙령 제41호의 공표는 일본이 독도를 침탈하려고 1905년 1월 28일 일본 내각회의에서 소위 영토 편입 결정을 하기 약 5년 전의 일이다. 오늘날 일본 정부가 1905년 일본 내각회의 결정이 당시 국제법상 하자가 없었다고 주장하는 억지는 바로 이 1900년 대한제국 칙령 제41호와 그 전 세계로의 공포에 의해서도 완전히 거짓임이 명백해지는 것이다.

종래의 한국 고유 영토인 독도(우산도)에 대하여 대한제국은 1900년에도 칙령 제41호로써 근대 국제법 체계로 독도가 대한제국의 영토로서, 울도 군수의 행정관리 하에 있는 한국 영토임을 거듭 재확인하였다. 독도는 이미 대한제국 시기에 국제법상으로도 대한제국 영토로 재확인되어 세계에 거듭 공포된 한국 영토인 것이다.

그 후 다음에 서술하는 바와 같이 일제 강점기를 거쳐 1946년 1월에 국제법 기관인 '연합국 최고사령부'가 지령 제677호로 독도를 '한국 영토'로 재확인 판정하여 세계에 공포함으로서 독도는 국제법상으로도 한국 영토임이 거듭 확인되었다.

지리적으로 독도는 누구의 땅인가

지리적으로 독도는 '울릉도의 부속 도서'이다. 따라서 울릉도의 영유 국가가 독도의 영유 국가가 된다. 15세기의 『세종실록』에는 울릉도를 '본도(本島)'라 하고 독도의 당시 명칭인 우산도를 울릉도의 속도(屬島)라고 하였다. 독도를 당시 '우산도'라고 호칭한 것도 옛 우산국의 영토로서 본도를 '울릉도'로 호칭하게 되자 울릉도의 속도인 독도에 '우산도'의 명칭이 옮아 붙은 것이었다.

일본에서도 동일한 인식을 하였다. 일본에서는 처음 울릉도를 '죽도'로, 독도를 '송도'로 불렀는데, 일본 관습에 '송죽(松竹)'은 항상 붙어 다니는 한 쌍으로 간주했다. 이 때문에 울릉도에 '죽도'의 명칭이 생기자 그 부속 도서인 독도(우산도)에 '송도'의 명칭이 생긴 것이었다.

일본에서 17세기에 오오다니[大谷] 가문과 무라가와[村川] 가문이 도쿠가와 막부로부터 외국에 건너가는 여행 허가서인 '죽도 도해 면허'를 받은 후 1661년 '송도 도해 면허'를 신청하기 직전에, 그 신청을 논의하는 과정에서 1660년 9월 5일자 오오다니 가문의 구산장좌위문(九山庄左衛門)이 무라가와 가문의 대옥구우위문(大屋九右衛門)에게 보낸 편지에서는 "장차 또 내년(1661년-인용자)부터 울릉도 안의 독도[竹島之內 松島]에 귀하의 배가 건너가게 되면"이라고 하여, '송도 도해 면허'를 막부에 신청한 근거가 이미 '죽도(울릉도) 도해 면허'를 1618년에 받았으므로 '울릉도 안의 독도'에 월경하여 건너가는 '송도(독도) 도해 면허'는 (송도(독도)가 죽도(울릉도) 안에 속한 섬이므로) 신청하는 것이 너무 당연하다는 입장을 명백히 밝힌 것도 그 한 증명이 된다.

일본의 메이지 정부가 1877년에 울릉도와 독도를 일본과는 관계없는 땅이고, 조선 영토라는 결정서의 훈령 공문을 작성하여 각 지방에 내릴 때 울릉도와 독도를 '죽도와 그 외 1도'라고 하여 '울릉도 외 1도'로 표기한 것도 독도를 '울릉도의 부속 도서'로 간주했기 때문이었다. 그러므로 울릉도의 영유 국가가 결정되면 지리적으로 그 부속 도서인 '독도의 영유 국가'는 울릉도의 영유 국가의 소유로 간주되어 온 것이다.

　지리적으로 독도는 명백하게 울릉도의 영유 국가인 대한민국의 영토인 것이다.

17세기 말 일본의 울릉도, 독도 침탈 시도 저지와 조선 영토 재확인

　일본 정부는 최근에 '역사적'으로도 독도는 일본 고유 영토라고 주장하면서, 그 근거로 1600년 전후부터 약 80여 년간 일본이 면허장을 민간인에게 주어 '독도(竹島)'를 실효적으로 지배 점유했었다는 증거가 있다고 주장하였다. 일본 측의 주장은 근거가 있는 것인가?

　일본 정부가 그렇게 주장하는 근거라고 드는 것은 도쿠가와 막부[德川幕府]가 일본 어업가 오오다니[大谷甚吉]와 무라가와[村川市兵衛] 두 가문에게 1618년에 내어준 '죽도 도해 면허(竹島渡海免許)'와 1661년에 내어준 '송도 도해 면허(松島渡海免許)'이다. 이 두 개의 '도해 면허'는 얼핏 보면 '죽도(울릉도)'와 '송도(독도)'의 점유권을 일본의 도쿠가와 막부가 가

졌었던 것처럼 보일지 모르지만, 그 내용을 보면 도리어 '죽도'와 '송도'가 조선 영토임을 더욱 명확하게 증명해 주는 자료이다. 왜냐하면 이 두 개의 '도해 면허'는 '외국'에 건너갈 때 허가해 주는 '면허장'이었기 때문이다.

이는 중대한 문제이므로 그 자초지종을 자세히 살펴볼 필요가 있다. 임진왜란(1592~1598년) 전후에 울릉도에 살던 조선인들은 일본군(왜구)의 노략질을 당하여 폐허가 되어 버렸으므로 조선 조정은 울릉도 공도·쇄환(空島·刷還) 정책(울릉도를 비워두고, 거기에 들어간 국민들을 육지로 돌아오게 하는 정책)을 강화하였다. 이 직후 일본 백기주(白耆州)의 미자(米子)에 거주하던 오오다니라는 사람이 월후(越後)라는 곳을 다녀오다가 태풍을 만나 조난을 당하여 '울릉도'에 표류해 닿았다. 오오다니가 울릉도(죽도)를 답사해 보니 사람은 살고 있지 않은 무인도이지만 수산 자원이 풍부한 보배로운 섬임을 알았다. 이에 오오다니는 이 섬 울릉도에 건너가서 고기잡이를 하고자 하였다. 그러나 울릉도는 당시 사람이 살고 있지 않다 할지라도 조선 영토임을 알고 있었으므로 울릉도(죽도)에 건너가서 고기잡이를 하기 위해서는 먼저 막부의 허가가 반드시 필요하였다. 왜냐하면 울릉도가 일본 영토가 아니라 외국의 영토이므로 국경을 넘어 외국으로 건너가 고기잡이를 해도 월경죄로 처벌받지 않으려면 막부의 공식 허가장이 필요했기 때문이었다.

이에 오오다니는 도쿠가와 막부의 관리들과 친분이 두터운 무라가와와 함께 1616년에 '죽도 도해 면허'를 신청하고 허가를 받으려고 운동하였다. 그 결과 도쿠가와 막부의 관리로서 당시 백기주 태수(太守) 직을 맡고 있었던 송평신태랑광정(松平新太郎光政)이 1618년에 오오다니와 무라가와 두 가문에게 '죽도 도해 면허'를 내어 주었다.

도쿠가와 막부 관리가 '죽도(울릉도) 도해 면허'를 일본인 두 가문에게 내어 주었다고 할지라도 이 막부 관리가 울릉도(죽도)가 일본 영토이고 조선 영토가 아니라고 주장하여 이 '도해 면허'를 내어 준 것은 전혀 아니었다. 도리어 그 반대로 울릉도(죽도)가 일본 영토가 아니고 조선 영토라고 인정했기 때문에 이 '도해 면허'를 내어준 것이었다. 일본 영토 내에서 여행하거나 고기잡이하러 갈 때에는 '도해 면허'가 필요하지 않았다. 울릉도(죽도)가 외국인 조선의 영토였기 때문에 외국에 월경하여 들어가는데 대한 막부의 허가장으로서 '도해 면허'를 내어준 것이었다.

당시 임진왜란의 영향으로 조선과 일본은 아직 우호 관계를 제대로 회복하지 못하고 있었고, 조선 조정은 울릉도에 대하여 '공도(空島) 정책'을 실시해서 조선인의 거주를 금지하고 있었으므로, 도쿠가와 막부의 관리는 울릉도(죽도)가 조선 영토임을 잘 알고 있었으면서도 조선 정부와 사전 협의 없이 오오다니와 무라가와 두 일본 가문에 외국 영토인 울릉도에 월경하여 들어가서 고기잡이를 해와도 막부는 처벌하지 않고 허가해 주겠다는 '죽도 도해 면허'를 내어준 것이었다.

그러므로 두 일본인에게 1618년에 도쿠가와 막부 관리가 내어준 '죽도 도해 면허'는 울릉도(죽도)가 조선(외국) 영토임을 명확하게 증명하는 자료이고 일본 영토가 아니라는 사실을 명확하게 증명해 주는 자료인 것이다.

오오다니와 무라가와 두 가문은 울릉도의 부속 도서로서 울릉도(죽도)에 건너가는 뱃길의 길목에 있는 독도에 대해서도 독도가 울릉도의 부속 도서임을 들어 '송도(독도) 도해 면허'를 막부에서 신청해서 1661년경에 막부의 '도해 면허'를 받아내는데 성공했다.

그러나 도쿠가와 막부 관리가 오오다니와 무라가와 두 일본인에게 '송도 도해 면허'를 허가해 주었다고 할지라도 이것은 '죽도 도해 면허'와 마찬가지로 외국(조선) 영토인 송도(독도)에 건너가서 고기잡이를 하고 돌아오는 월경(越境) 고기잡이의 허가장이었지, 송도(독도)를 일본 영토라고 주장해서 허가해 준 것은 전혀 아니었다.

즉 도쿠가와 막부가 오오다니와 무라가와 두 가문에게 '송도 도해 면허'를 허가해 준 것은, 조선 영토인 죽도(울릉도)에 월경하여 고기잡이하러 건너감을 허가해 주는 '죽도 도해 면허'를 이미 허가해 주었기 때문에, 죽도(울릉도)로 건너가는 도중에 죽도(울릉도)에 부속한 섬인 송도(독도)에 월경하여 고기잡이를 하는 것은 동질적 차원의 일이기 때문에, '죽도 도해 면허'와 동일한 성격의 '송도 도해 면허'를 동일한 두 가문에게 허가해 주었던 것이다.

따라서 도쿠가와 막부가 내어준 1618년의 '죽도 도해 면허'

나 1661년의 '송도 도해 면허'는 독도를 일본 고유 영토라고 주장할 증명이나 근거는 전혀 될 수 없는 것이다. 만일 '송도 도해 면허'가 독도는 일본 고유 영토임을 증명하는 자료가 된다면 '죽도 도해 면허'는 울릉도가 일본 고유 영토라는 증명이 되어 일본 정부는 울릉도가 일본 고유 영토라고 먼저 주장해야 논리적 일관성이 있을 것이다. 도리어 '죽도(울릉도) 도해 면허'와 '송도(독도) 도해 면허'는 울릉도(죽도)와 독도(송도)가 일본 영토가 전혀 아니었고, 조선 영토임을 증명하는 명백한 자료이며, 17세기 당시에 도쿠가와 막부도 이 두 섬이 조선 영토임을 잘 알고 독도와 울릉도의 두 섬을 조선 영토로 인정하고 있었음을 명백하게 증명해 주는 자료인 것이다. 당시 오오다니와 무라가와 두 일본인이나 '도해 면허'에 관련된 자들은 독도가 울릉도의 부속 도서(섬)임을 인지하고 있었다.

조선 정부는 처음에는 일본 어민들의 울릉도·독도 출어(出漁)나 '죽도 도해 면허', '송도 도해 면허' 같은 것을 전혀 알지 못하고 있었다. 그러한 상태에서 조선 어민들과 일본 어민들 사이에 충돌이 발생했다.

조선 조정이 울릉도에 대한 '공도·쇄환 정책'을 실시했다 할지라도, 울릉도·독도 연해에는 수산자원이 풍부하므로 동해·남해안 조선 어부들이 조정 몰래 고기잡이를 나갔다가 돌아오는 일이 많았다. 1663년(숙종 19년) 봄 동래·울산 어부 약 40명이 울릉도에 고기잡이를 하러 나갔다가 일본 오오다니 가문에서 보낸 일단의 일본 어부들과 충돌하게 되었다. 일본 어부들은 수적으로는 우세했으나 울릉도가 조선 영토였으므로 조선 어부 대표를 보내면 협상하겠다고 대응하다가 안용복, 박어둔이 대표로 나서자 이 두 사람을 납치하여 일본 은기도로 싣고 가버렸다.

안용복은 은기도 도주(島主)에게 울릉도는 조선 영토임을 지적하면서 "조선 사람이 조선 땅에 들어갔는데 왜 납치하여 구속했는가?"하고 강력하게 항의하였다. 이에 은기도 도주는 그의 상관인 백기주 태수에게 안용복 등을 이송하였다.

안용복은 백기주 태수의 심문에도 굴하지 않고 당당하게 울릉도가 조선 영토임을 강조하고, 조선 영토인 울릉도에 조선 사람인 자기가 들어간 것은 일본이 관여할 일이 아니며, 앞으로는 조선 영토인 울릉도에 일본 어부들의 출입을 금지시켜 달라고 요구하였다. 당시 백기주 태수는 울릉도가 조선 영토임을 알고 있었고, 또한 도쿠가와 막부에서 오오다니 가문에게 '죽도(울릉도) 도해 면허'를 승인하여 국경을 넘어 울릉도에 건너가서 고기잡이를 하고 돌아오는 것을 허가하고 있었다는 것도 알고 있었다. 이에 백기주 태수는 안용복 등을 에도[江戶: 지금의 도쿄]의 막부 관백(關白: 執政官, 여기서는 장군)에게 이송하였다.

안용복은 막부 관백의 심문에도 굴하지 않고 당당하게 울릉도가 조선 영토이므로 자기를 납치하여 구속한 것은 부당하며, 도리어 일본 어부들이 조선 영토인 울릉도에 들어간 것이 부당함을 지적하였다. 도쿠가와 막부 관백은 안용복을 심문해

본 후 백기주 태수를 시켜서 "울릉도는 일본 영토가 아니다[鬱陵島非日本界]."라는 문서를 써주고 후대한 후 안용복을 풀어서 조선에 송환시켜 주라고 하였다.

안용복이 석방되어 귀국 길에 장기(長崎: 나가사키)에 이르니 장기주 태수는 대마도 도주와 결탁하여 안용복을 다시 구속해서 대마도에 이송하였다. 안용복이 대마도에 이르니 대마도 도주는 백기주 태수가 막부 관백의 지시를 받고 써 준 문서를 빼앗고, 도리어 안용복을 일본 영토 죽도(울릉도)를 침범한 월경 죄인으로 취급하여 묶어서 1693년 11월 조선 동래부에 인계하면서 앞으로는 조선 어부들이 일본 영토 죽도로 고기잡이 감을 엄중히 금지시켜 달라고 요청하였다.

이에 울릉도를 '죽도'라고 부르면서 이 기회에 울릉도(및 부속 도서 독도)를 침탈하려는 대마도 도주의 외교 활동이 시작되었다. 그렇다면 이 때 대마도 도주는 도쿠가와 막부와의 관계에 있어서 어떠한 위치에 있었으며, 대마도 도주의 요구에 조선의 조정은 어떻게 대응했는가?

대마도 도주는 에도 도쿠가와 막부의 지배 하에 있었으나 일본 중세의 특징적인 봉건성으로 약간의 지방분권적 권리도 갖고 있었다. 조선 세종 시대 이래 일본의 조선에 대한 외교 교섭은 대마도 도주만이 공식 창구로 공인되어 왔다. 이때 대마도 도주 종의륜(宗義倫)은 울릉도를 침탈해서 대마도 주민을 이주시키고자 하여 자기가 막부 정권을 대신한다고 전제하면서 정관(正官) 귤진중(橘眞重)을 사절로 임명해서 안용복·박

어둔을 부산에 호송하는 길에 조선정부에 문서를 보내어, 마치 울릉도가 아니면서 그와 비슷한 별개의 일본 영토인 '죽도'가 있는 것처럼 문구를 만들어서 이제 이후로는 죽도에 조선 선박이 고기잡이 가는 것을 결코 용납하지 않을 터이니 귀국도 (조선 어민의 출어를) 엄격히 금지해 달라는 엉뚱한 요구를 해 온 것이었다.

당시 조정에서는 안용복 등을 가두어 둔 채, 집권한 좌의정 목래선, 우의정 민암 일파의 온건 대응론과 남구만, 유집일, 홍중하 등의 강경 대응론이 대립하였다.

당시 실세인 좌의정 목래선과 우의정 민암은 국왕 숙종에게 온건 대응론을 건의하였다. 『숙종실록』(1693년 11월 丁巳 (18일)조)에는 강경 대응론과 온건 대응론이 다음과 같이 기록되어 있다.

접위관 홍중하가 하직 인사를 하고, 좌의정 목래선, 우의정 민암이 홍중하와 함께 청대하였다.

홍중하가 아뢰기를 "왜인이 말하는 바 '죽도'는 바로 우리나라의 '울릉도'입니다. 지금 상관 않는다고 해서 내버리신다면 그만이겠지만, 그렇지 않다면 미리 명확히 판변하지 않을 수 없습니다. 그리고 또 만약 저들의 인민이 들어가서 살게 한다면 어찌 뒷날의 걱정거리가 아니겠습니까?"하였다.

목래선, 민암은 아뢰기를, "왜인들이 민호(民戶)를 옮겨서 들어간 사실은 이미 확실하게 알 수는 없으나, 이것은 3백년 동안 비워서 내버려둔 땅인데, 이것으로 인하여 흔단(釁端: 틈새의 발단)을 일으키고 우호를 상실하는 것은 또한 좋은 계책이 아닙니다."고 하였다. 임금이 민암 등의 말을 따랐다.

이에 목래선, 민암 일파는 대마도 도주에게 예조를 시켜 다음과 같은 온건 대응의 회답서를 보내었다.

우리나라가 동해안의 어민에게 외양(外洋)에 나갈 수 없도록 한 것은 비록 우리나라의 경지(境地)인 울릉도일지라도 역시 멀다고 생각하기 때문에 임의 왕래를 허락하지 않거늘 하물며 그 밖에 있어서랴. 이제 이 고깃배가 귀국의 경지인 죽도에 들어갔기 때문에 잡아 보내오는 번잡함에 이르고 멀리 서찰까지 보내게 했으니, 이웃 나라 사이의 친선의 우의에 감사하는 바이다. 바다 백성이 고기를 잡아 생계를 삼으니 물에 표류해 가는 근심이 없을 수 없지만, 국경을 넘어 깊숙이 들어가서 혼잡하게 물고기를 잡는 것은 법률로써 마땅히 엄하게 징계해야 할 것이므로, 지금 범인들을 법률에 의거해서 죄를 부과하고, 이후에는 연해 등지에서 규칙을 엄격하게 제정하여 이를 신칙하게 할 것이다.

조선 조정이 대마도 도주에게 보낸 이 회답 문서는 온건 대응에 매달린 나머지 일본 측이 주장하는 '죽도'가 곧 우리나라 영토인 '울릉도'인 줄을 잘 알면서도 모른 체해서 '귀국(일본)의 경지 죽도'(당신 국가의 땅인 죽도) 운운하고 '죽도'에의 조선 어부들의 고기잡이 왕래를 엄격하게 다스려서 벌주어 그 결과를 알려주겠다고 회신한 굴욕 외교의 문서였다. 만일 '우리나라 경지 울릉도'라는 문구만 포함되지 않았으면 울릉도를 '죽도'라고 부르면서 일본 영토라고 주장하는 일본 문서를 조선 조정이 외교문서로 승인하는 증거 문서가 되는 회답 문서를 만들어 보내준 것이었다.

일이 이렇게 진전되자, 먼저 사관(史官)들이 들고 일어났다. 사관들은 "왜인들이 말하는 소위 죽도는 곧 우리나라의 울릉도인 바 울릉도의 이름은 신라와 고려의 역사 서적에도 보인다."고 지적하고, 울릉도와 죽도는 1도(하나의 섬) 2명(名, 한 섬의 두 가지 이름)인데 왜인이 '울릉도'의 이름을 감추고 단지 '죽도'만을 내세운 것은 우리나라 회답서에서 '귀국(일본) 경지 죽도', '죽도 어채'를 금단시키겠다는 문구를 증거삼아 뒷날 울릉도를 점거할 계책이라고 분석하면서, 자기 강토를 다른 나라에 주는 것은 불가하니 곧 명확하게 밝히고 판별하여 교활한 왜인으로 하여금 다시는 울릉도 점거의 생심이 나오지 않도록 하는 것이 의리에 당연하거늘, (온건 대응파) 일부 신하들이 두루 신중함이 지나쳐서 울릉도를 점거 당할 근거 문서나 만들어 주고 울릉도에 들어간 죄 없는 바다 백성들에게 죄를 주자는 말을 하고 있다고 격렬하게 온건 대응파를 비판하였다.

또한 무신들은 일본이 울릉도를 가지면 가까운 시기에 동해안에서 왜구의 피해를 입게 될 것이라고 국왕에게 아뢰면서 온건 대응파를 비판했다.

　정계 원로인 남구만은 국왕에게 상소를 올려 역사 서적들과 『지봉유설(芝峰類說)』을 보면 울릉도는 신라 시대부터 조선 영토이고 울릉도를 일본에서는 '죽도', '기죽도(磯竹島)'라고 했는데, 조상이 남겨준 우리 영토에 다른 나라 사람을 용납해서는 안되니, 지난번 대마도 도주에게 보낸 모호한 회답 문서는 회수하고 새로운 회답서를 만들어 보내자고 간곡하게 건의하였다.

　국왕 숙종은 거세어진 비판 여론에 당황하여 남구만의 건의를 채택해서 남구만을 영의정에 임명하고, 지난번 회답 문서는 취소하여 회수함과 동시에 새로운 회답 문서를 작성하여 대마도에 보내도록 명령하였다. 이렇게 하여 1694년(숙종 20년) 음력 8월 14일자로 새로 만들어 보낸 회답 문서의 내용은 다음과 같다.

　　우리나라 강원도 울진현에 속한 섬이 있어 '울릉'이라 이름하는데, 울진현 동쪽 바다 가운데 있다.…(중략)…우리나라의 『동국여지승람』이란 책에 기재되어 역대로 전해 내려오고 있어서 일의 족적은 매우 명료하다. 이번에 우리나라 해변의 어민들이 이 섬에 갔는데 뜻밖에 귀국 사람들이 스스로 국경을 침범하여 넘어와서 서로 대치하여 마침내 도리어 우리나라 사람을 구집(拘執: 잡아서)해서 에도로 넘기었다. 다행히 귀국의 대군(大君)이 사정을 밝게 살펴서 노자를 많이 주어 돌려보내 주었다.…(중략)…

그러나 우리나라 백성들이 고기잡이한 땅은 본시 '울릉도'로서, 대나무가 많이 나기 때문에 혹 '죽도'라고도 칭하지만, 이것은 1도에 2명이 있는 것에 불과한 것이다. 1도 2명의 상태는 비단 우리나라 서적에 기록되어 있는 바일 뿐 아니라 귀주인 역시 모두 알고 있다. 이제 이번에 온 서찰 가운데 '죽도'를 귀국의 땅이라고 하고 바야흐로 우리나라 어선의 왕래를 금지해 줄 것을 바라면서, 귀국인이 우리나라의 경지(境地)를 침섭(侵涉: 침범)하고 우리나라 백성을 구집한 실책은 논하지 않고 있다. 어찌 성실한 신뢰의 길에 결함이 있다고 아니할 것인가.

장차 이 말의 뜻을 깊이 읽어서 동도(東都: 지금의 도쿄로서 여기서는 막부 장군을 지칭)에 전하여 보고하고, 귀국 해변 사람들에게 신칙해서 울릉도에 왕래하지 말도록 하고 다시는 이러한 사단이 일어나지 않도록 하면 상호간의 우의에 더없이 다행일 것이다.

조선 조정과 강경 대응파가 작성하여 대마도에 보낸 이 새로운 회답 문서는 '울릉도=죽도'의 1도 2명임을 들고 '울릉도=죽도'가 조선 영토임을 명확하게 천명함과 동시에 일본 어민들의 '울릉도=죽도'에의 왕래를 엄중히 금단시켜 줄 것을 요구한 당당한 외교문서였다.

일본의 조선에 대한 공식적 외교 창구인 대마도 도주는 조선 정부의 위와 같은 당당한 외교 답서에 대해 조선에서 정권이 교체된 줄도 모르고 다시 귤진중을 동래부에 사절로 보내어 '우리나라 울릉도'의 문자를 삭제해 줄 것을 요구하였다. 그리하여 1693~1695년 조선과 일본 사이에 울릉도 영유권 논쟁이 치열하게 전개되었다. 결국 이 논쟁은 사필귀정으로 잘 해결되었다.

일본 측에서는 조선과의 외교를 담당하고 있던 대마도 도주 종의륜이 1695년에 죽고, 그의 아우 종의진(宗義眞)이 도주가 되었다. 에도의 도쿠가와 막부에서는 1693년에 안용복을 송환시킬 때 후대하면서 죽도(울릉도)가 일본 영토가 아님을 명백히 했었다. 막부는 조선과의 외교를 담당하는 대마번의 번주 종의륜이 안용복을 송환하면서 죽도(울릉도) 획득의 공격 외교를 행하는 것을 무리한 공격이라고 생각하고 있었는데, 조선 측의 울릉도(죽도) 수호 의지가 매우 강경하다는 것을 듣고 종의륜(대마도 도주)의 무리한 공격 외교가 조선과 일본 두 나라의 우호를 불필요하게 해치지 않는가 회의적으로 보고 있었다.

이 때 마침 종의륜이 죽고 그의 아우 종의진이 도주가 되자, 종의진은 1696년 1월 28일 에도의 도쿠가와 막부 장군에게 새해 인사 겸 새 도주 취임 보고를 하러 에도에 올라가게 되었다. 막부 장군은 백기주 태수 등 4명의 태수들이 나란히 앉은 자리에서 울릉도(죽도) 문제에 대하여 대마도 신주 종의진에게 조목조목 날카로운 질문을 하였다. 종의진은 죽도가 조선의 '울릉도'이고 그것이 조선의 영토임을 인정할 수밖에 없었다.

막부 장군은 대마도 신주 종의진과의 질의·응답을 종합하여 참조한 후, 다음과 같은 명령하였다. 그 요지는 ① 죽도(울릉도)는 일본 백기(伯耆)로부터의 거리가 약 160리이고 조선으로부터의 거리는 약 40리 정도로서 조선에 가까워 조선 영토로 보아야 하며, ② 앞으로는 그 섬에 일본인들의 도해(渡海: 국경을 넘어 바다를 건너는 것)를 금지하며, ③ 이 뜻을 대마도 태수가 조선 측에 전하도록 하고, ④ 대마도 태수는 돌아가면 형부대보(刑部大輔: 대마도의 재판 담당관)를 조선에 파견하여 이 결정을 알리고 그 결과를 막부 장군(관백)에게 보고하도록 명령한 것이었다.

일본 측 자료인 『조선통교대기(朝鮮通交大紀)』는 당시 막부 관백(집정 阿部豊後守)의 결정과 명령을 다음과 같이 기록하였다.

다음 해 병자년(1696년) 정월에 풍후수(豊後守)는 말하기를(유시(諭示: 깨우쳐서 말하다)하기를) "죽도(울릉도)가 인번주(因幡州)에 속해 있다고 보는 경우에도 아직 우리나라(일본-인용자) 사람들이 거주한 적이 없고, 태덕군(台德君: 德川秀忠) 때에 미자(米子) 마을의 어민이 그 섬에 고기잡이를 하겠다고 출원했기 때문에 그것을 허락했던 것이다. 지금 그 땅의 지리를 헤아려 보건대 인번주와의 거리는 약

160리이고 조선과의 거리는 약 40리여서, 일찍이 그 나라 (조선-인용자) 땅이라는 것은 의심할 수 없을 것 같다. 우리 국가에서 병력으로써 임한다면 무엇을 요구하여 얻지 못하겠는가? 다만 쓸모없는 조그마한 섬을 가지고 이웃 나라와의 우호 관계를 잃는 것은 좋은 계책이 아니다. 그리고 당초에 이 섬(죽도: 울릉도-인용자)을 저 나라(조선-인용자)에서 빼앗은 것이 아니니 지금 또 돌려준다고 말할 수 없다. 다만 우리나라(일본-인용자) 사람들이 가서 고기잡이를 하는 것을 금지해야 할 뿐이다. 지금 조정의 의논도 이전과 같지 않으니, 서로 다투어 마지 않는 것보다는 각각 무사한 것이 낫다. 마땅히 이 뜻으로서 저 나라에 의논해야 할 것이다."라고 하였다.

위의 일본 측 자료를 보면, 1696년 1월 도쿠가와 막부 관백은 ① 대마도 전도주의 주장과 같이 죽도(울릉도)가 인번주에 속해 있다고 가정할지라도 일본 사람들이 그 섬에 거주한 적이 없고, 덕천수충(德川秀忠) 때 미자의 어민(大谷甚吉과 村川市兵衛)에게는 그 섬에 건너가서 고기잡이를 해오겠다고 출원했기 때문에 그것을 허락했던 것이며, ② 지금 죽도의 지리를 헤아려 보면, 일본(인번주)으로부터는 약 160리 떨어져 있는 반면 조선으로부터는 약 40리 떨어져 있어서 일찍이 조선 영토라는 사실은 의심할 여지가 없다. ③ 만일 일본이 병력으로써 임한다면 얻지 못할 것이 없겠지만 작은 섬 하나를 가지고 우호 관계를 잃는 것은 좋은 계책이 아니며, ④ 죽도를 조선으로부터 빼앗았던 것이 아니니 지금 또 돌려준다고 말할 수는 없다. 다만 일본 어부들이 국경을 넘어 그 섬에 건너가서 고기잡이 하는 것은 금지해야 할 뿐이다. ⑤ 지금 조정의 의논도 이전과 같지 않아서 서로 분쟁하는 것보다는 무사한 것이 더 나으니, 이 뜻으로서 조선 측과 의논하라는 것이었다.

즉 도쿠가와 막부 장군은 1696년 1월 대마도 신도주 종의진에게 죽도는 조선 영토이며 이 섬을 조선으로부터 빼앗은 일은 없었고, 1618년과 1661년에 미자의 어민(大谷과 村川 두 가문)에게 '죽도 도해 면허'와 '송도 도해 면허'를 내어준 것은 그 어민들이 죽도와 송도에 건너가서 고기잡이를 하겠다고 출원했기 때문에 허가한 것뿐이고, 이 때 그러한 '도해 면허'를 허가한 것은 그 섬을 빼앗았던 것이 아니라 고기잡이하러 건너가는 것만을 허가했던 것이기 때문에, 이제 그 섬을 돌려준다고 말할 수는 없고 단지 일본 어민들이 그 섬에 건너가서 고기잡이하는 것을 금지해야 할 뿐이라고 명령한 것이었다.

도쿠가와 막부 관백의 이 명령에 의하여 울릉도(죽도)와 그 부속 도서는 '조선 영토'로 일본 측에 의해 재확인되었고, 1618년의 '죽도 도해 면허'와 1661년의 '송도 도해 면허'는 자동적으로 취소되었으며, 일본 어민들은 조선 영토인 울릉도(죽도)와 그 부속 도서인 독도(우산도: 송도)에 건너가 고기잡이를 자유로이 할 수 없게 금지되었다.

1696년 1월의 도쿠가와 막부 관백의 결정은 3년간 끌어온 울릉도·독도 영유권 논쟁에 일단 종지부를 찍은 것이었다.

1696년 1월의 도쿠가와 막부 장군의 결정이 혹시 울릉도만 조선 영토로 재확인한 것인가, 아니면 독도를 포함하여 울릉도와 독도를 모두 조선 영토로 재확인한 것인가를 알아 볼 필요가 있다. 이 때 일본 도쿠가와 막부 관백은 울릉도와 독도를 모두 조선 영토로 재확인한 것이다.

당시 조선 측과 일본 측은 모두 울릉도와 독도의 가치를 오늘날보다 낮게 평가하였다. 그리하여 조선 측도 울릉도 주민이 몇 번 왜구의 노략질을 당하자 섬을 비워 사람들이 살지 않도록 하는 '공도(空島)' 정책을 실시했었다. 일본 측도 울릉도를 비옥하지 않은 작은 섬 정도로 저평가하였다. 이러한 형편이므로 울릉도의 부속 도서로서 그보다 훨씬 작은 바위섬인 '독도'에 대해서는 울릉도에 포함하여 이름도 거론하지 않는 경우가 대부분이었다.

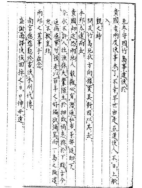

1696년 1월 일본 측 도쿠가와 막부 관백이 독도를 조선 영토로 재확인 판정하고, 일본인의 독도 출어 금지 명령 결정을 조선 측에 알려온 외교문서.

이 때문에 도쿠가와 막부 장군이 1696년 1월 울릉도와 독도를 조선 영토로 재확인한 결정과 명령을 내릴 때에도 간단한 기록에서는 '죽도(울릉도)'로만 기록되고 자세한 기록에서는 '죽도'와 '그 외 1도(하나의 섬)'라고 한 다음 '그 외 1도'는

'송도(독도)'라는 작은 섬이라고 기록하였다.

그러므로 간단한 기록에서 이 때 막부 장군의 결정을 '죽도 (울릉도)'만 갖고 설명 기록하는 경우에도 그 부속 도서인 '송도(독도)'가 포함된다는 사실을 유념해야 한다는 사실을 일본 메이지 정부 내무성도 기록으로 남기고 있다.

1696년 1월 일본 도쿠가와 막부 장군이 재확인한 조선 영토는 울릉도와 독도를 모두 포함한 것이었다. 따라서 1696년 1월 이전의 울릉도와 독도에 대한 일본 측의 영유권 시비는 도쿠가와 막부 장군의 조선 영토 재확인 결정으로 모두 소멸되고, 조선과 일본 사이의 영토 논쟁은 모두 종결되었다. 도쿠가와 막부에서 미자(米子)의 일본 어부 두 가문에게 허가한 '죽도 도해 면허'와 '송도 도해 면허'는 모두 취소되었다.

'죽도 도해 면허'와 '송도 도해 면허'도 자동적으로 취소되었을 뿐 아니라 막부 장군에 의해 조선 영토로 재확인된 울릉도와 독도에 국경을 넘어 들어가서 고기잡이를 하고 오는 일본 어부들은 발각되는 경우에는 엄중하게 처벌되었다.

1696년 1월 도쿠가와 막부 장군의 울릉도·독도가 조선 영토임을 재확인한 결정에 의해 대마도 도주가 제기한 모든 영토 논쟁은 완전히 종결되었다.

그러므로 오늘날 일본 정부가 독도를 '역사적으로 일본 고유 영토'라고 주장하는 것은 전혀 근거가 없는 것이다.

오늘날의 일본 정부가 독도를 '역사적으로 일본 고유 영토' 운운하는 것은 진실에 토대를 둔 발언이나 주장이 아니라, 한국 정부와 한국 국민을 깔보고 한국 측이 진실에 근거하여 "독도는 역사적으로 서기 512년부터 한국의 고유 영토"라고 지적하니까 억지로 이에 대등하게 맞대응하기 위한 억지 주장에 불과한 것이다.

일본 측 고문헌들까지도 "독도는 역사적으로 한국의 고유 영토"임을 누차 증명하고 있다. 일본 측 고문헌 중에 독도가 역사적으로 일본의 고유 영토라고 증명하는 자료는 아직까지 단 1건도 없다.

1696년 1월 일본 도쿠가와 막부 장군(일본 중앙정부)의 울릉도, 독도의 조선 영토 재확인에 의해 독도는 역사적으로 조선의 고유 영토였지 일본 영토가 아니었다는 사실이 거듭 명료하게 천명된 것이었다.

도쿠가와 막부는 그 후 울릉도, 독도를 조선 영토로 재확인하여 잘 존중하였고, 일본 어민들이 울릉도, 독도에 국경을 넘어 들어가서 고기잡이하는 것도 비교적 잘 금지시켰다.

그 결과는 여러 문헌과 고지도들에도 부분적으로 반영되었다. 예컨대 일본 실학파의 최고 학자인 하야시 시헤이[林子平, 1738~1793]는 1785년 경에 『삼국통람도설(三國通覽圖說)』이라는 책을 간행하면서 그 부록 지도 5장의 일부로서 「삼국접양지도(三國接壤之圖)」와 「대일본지도(大日本地圖)」를 그렸는데, 국경과 영토를 명료하게 구분해서 나타내기 위해 나라별로 채색해서, 조선은 황색으로 일본은 녹색으로 채색하였다. 동해 가운데 있는 울릉도와 독도(우산도)는 어떤 색깔로 채색했겠는가? 조선 색깔인 황색으로 채색했겠는가? 또는 일본 색깔인 녹색으로 채색했겠는가?

하야시 시헤이는 동해 가운데 울릉도와 독도(우산도)를 정확한 위치에다 그려 넣었고, 울릉도와 독도를 모두 조선 색깔인 황색으로 채색하여 조선 영토임을 명백하게 표시했다. 그렇게 해 놓고서도 혹시 훗날 무지한 일본

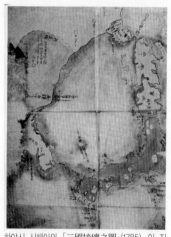

하야시 시헤이의 「三國接壤之圖」(1785). 이 지도는 독도를 조선의 색채인 황색으로 칠하여 조선영토로 표시했을 뿐만 아니라 "朝鮮ノ持ニ"(조선의 것으로)라고 기록하여 독도와 울릉도가 모두 조선 영토임을 명백히 하였다.

인들의 억지가 있을 것을 염려했는지, 이 지도들은 울릉도와 독도 두 섬 옆에다가 다시 "朝鮮ノ持ニ"(조선의 것)라고 문자를 적어 넣어 울릉도와 독도가 조선 영토임을 거듭해서 더욱 명확하게 강조하였다.

하야시 시헤이가 1785년에 그린 지도들에서 울릉도와 독도를 조선 영토의 색깔로 채색하고 그 옆에 또 '조선의 것'이라고 쓴 문자는, '독도'가 논쟁의 여지없이 조선 영토임을 일본 측에서 증명하는 결정적 자료라고 볼 수 있다.

또한 같은 시기 도쿠가와 막부의 일본 지도인 「총회도(總繪圖)」라는 지도도 국경과 영토를 명백하게 구분하기 위하여,

일본은 적색으로 조선은 황색으로 채색했는데, 울릉도와 독도를 정확한 위치에 그려 넣고 울릉도와 독도를 모두 조선 표시 색깔인 황색으로 채색하여 울릉도와 독도가 모두 조선 영토임을 명료하게 표시하였다. 뿐만 아니라 이 지도도 울릉도와 독도 옆에 문자로 '조선의 것'이라고 써넣어서 울릉도와 독도가 조선 영토임을 거듭거듭 명확하게 표시하였다.

일본 메이지 정부의 울릉도, 독도 한국 영토 재확인

근대에 들어오면서 일본의 메이지 정부[明治政府]는 울릉도와 독도를 계속 조선 영토로 인정하고 재확인하였다. 그 증거로 1869년~1870년의 『조선국교제시말내탐서(朝鮮國交際始末內探書)』라는 것이 『일본 외교문서(日本外交文書)』 제3권에 수록되어 있다.

일본에서는 사무라이들이 1868년 1월 정변을 일으켜 도쿠가와 막부를 타도하고 중앙집권적 왕정복고의 메이지 정부를 수립했는데, 메이지 정부의 외무성은 신정부 수립 직후인 1869년 12월 조선국과의 국교 확대 재개와 '정한(征韓)'의 가능성을 내탐하기 위하여 외무성 고위 관리인 좌전백모(佐田白茅), 삼산무(森山茂), 재등영(齋藤榮) 등을 부산에 파견하였다.

이때 외무성은 정탐해 올 14개 항목을 작성하여 태정관(太政官: 총리대신부)에 보내서 허가를 받았는데, 그 하나에는 '죽도(울릉도)와 송도(독도)가 조선부속(朝鮮附屬)으로 되어 있는 시말(이유)'을 내탐해 오라는 지시 사항이 있었다.

메이지 정부 외무성과 태정관은 "울릉도(죽도)와 독도(송도)가 조선 부속령으로 되어 있는 것"을 명료하게 인지하고 있었던 것이다.

좌전백모 등 일본 외무성 고위 관리들은 부산 초량에 체류하여 정보와 자료를 입수하다가 이듬해 1870년 4월에 귀국하여 외무 대신과 태정관에게 조사 결과 보고서를 제출한 것이이른바 「조선국교제시말내탐서」이었다. 이 보고서는 보고 항목의 하나로 "죽도(울릉도)와 송도(독도)가 조선 부속으로 되어있는 시말"이라는 항목을 설정하여, 독도(송도)는 울릉도(죽도)의 이웃섬[隣島]으로서 두 섬이 모두 사람이 살고 있지 않은 무인도라고 지적하고 많이 나는 산물의 이름을 들어 보고하였다.

이 「조선국교제시말내탐서」라는 보고서는 일본 외무성이 '일제강점기'에 간행한 『일본 외교문서』 제3권에 수록되어 있다. 당시 이 외교문서를 간행한 시기는 일본 제국이

一竹島松島朝鮮附屬ニ相成候始末

此儀ハ松島ハ竹島ノ隣島ニテ松島ノ儀ニ付是迄揭載セシ書留モ無之竹島ノ儀ニ付テハ元祿度後ハ暫クノ間朝鮮ヨリ居留ノ爲差遣シ置候處當時ハ以前ノ如ク無人ト相成竹木又ハ竹ヨリ太キ葭ノ産シ人參等自然ニ生シ其餘漁産モ相應ニ有之趣相聞ヘ候事

조사 항목은 1869년-1870년에 일본 메이지 정부가 독도를 조선 부속령으로 재확인한 명백한 실증 자료이다. 『일본 외교 문서』수록.

패망할 줄 몰랐던 시기이고, 또 『일본 외교문서』는 중요한 공문서이므로, 이 일본 공문서에서 "울릉도(죽도)와 독도(송도)가 조선 부속령"임을 인지하여 기록하고 간행한 것은 독도가 한국 영토임을 명확하게 증명하는 결정적인 일본 측 자료의 하나라고 볼 수 있다.

단지 주목할 것은 일본 정부의 정한론자들이 한국 침략·정복에 혈안이 되어 당시 무인도인 '울릉도와 독도' 침탈에 야욕을 품고 비밀리에 정탐·정보를 수집하기 시작했다는 사실을 주의할 필요가 있을 것이다.

일본 메이지 정부 내무성도 독도와 울릉도를 조선 영토라고 확실하게 인지하였다. 일본 내무대신 오오쿠보[大久保利通]는 1876년(메이지 9년) 일본 국토의 지적(地籍)을 조사하고 근대적 지도를 편제하는 사업에 임하여 시마네현[島根縣]의 지리 담당 책임자로부터 동해에 있는 죽도(울릉도)와 송도(독도)를 시마네현의 지도에 포함시킬 것인가 뺄 것인가에 대한 질의서를 1876년 10월 16일자 공문으로 접수하게 되었다. 일본 내무성은 약 5개월에 걸쳐 시마네현이 제출한 부속 문서뿐 아니라 조선 숙종 연간(일본 원록 연간)에 안용복 사건을 계기로 조선과 교섭한 관계 문서들을 모두 정밀하게 조사해 본 후, 울릉도(죽도)와 독도(송도)는 조선 영토이고 일본과는 관계없는 곳이라는 결론을 내렸다.

일본 내무성은 울릉도(죽도)·독도(송도)는 일본과는 관계없는 섬이고 조선 영토라는 결론은 내렸으나, 영토를 지도에 넣

거나 빼는 것은 영유권에 관련된 중대 사안이므로 내무성 단
독으로 최종 결정을 내릴 수는 없고 국가 최고 기관인 태정관
(太政官, 총리대신부, 右大臣 岩倉具視)의 최종 결정을 받아야
한다고 판단하여 1877년(메이지 10년) 3월 17일 다음과 같은
질품서(질문서)를 부속 문서들과 함께 태정관에 올리었다.

일본 바다 가운데 죽도 외 한 섬 지적편찬(地籍編纂)에
관한 질의서
죽도는 소할(所轄)의 건에 대하여 시마네현[島根縣]으로
부터 별지의 질품이 와서 조사한 바 그 섬[該島]의 건은 원
록 5년(元祿 1692, 숙종 18) 조선인(안용복-인용자)이 섬에
들어온(入島) 이래 별지 서류에 적채(摘采)한 바와 같이 원
록 9년 정월 제1호 구정부의 평의의 뜻[旨意]에 의하여, 제2
호 역관에게 준 달서, 제3호 그 나라[該國]에서 온 공적인
서간[公簡], 제4호 본방(本邦) 회답 및 구상서(口上書) 등과
같은 바, 즉 원록 12년에 이르러 각각 왕복이 끝났으며 본
방은 관계가 없다고 들었지만, 판도(版圖)의 취사(取捨)는
중대한 사건이므로 별지 서류를 첨부하여 위넘해서 이에 품
의합니다.

명치(明治) 10년 3월 17일
내무경 大久保利通 대리
內務少輔 前島 密
右大臣 岩倉具視展

일본 내무대신 대리가 태정관 우대신에게 제출한 위의 질품서의 요지는 ① 죽도(울릉도)와 그 밖의 1도(一島)의 지적 편찬하는 일에 관해 그 소속 관할 문제로 시마네 현에서 내무성으로 질품서가 왔는데, ② 내무성이 시마네현에서 제출한 서류들과 또 1693년 조선인(안용복-인용자)이 일본에 들어온 이후 조선과 주고받은 왕복 문서들을 조사해 본 결과, ③ 내무성의 의견은 죽도(울릉도)와 그 밖의 1도(一島)는 일본과는 관계가 없는 곳이라고(조선의 부속령이라고) 결론을 내렸지만, ④ 지적(地籍)을 조사하여 일본국의 판도에 넣을까 뺄까는 중대한 사건이므로 태정관의 최종 결정을 요청한다는 것이었다.

일본 내무성은 이와 함께 조선 숙종 연간(일본 元禄 연간)에 조선과 왕복한 문서들을 첨부하면서 "죽도와 그 밖의 1도[竹島外一島]"의 '1도'가 바로 '송도(독도)'를 가리키는 것임을 설명하는 다음과 같은 문서를 첨부하였다.

1877년 일본 내무성이 태정관에게 울릉도, 독도를 일본 영토 지적(地籍)에 포함시킬까 여부의 최종 결정을 요청한 질품서와 태정관이 울릉도, 독도는 일본과 관계없는 곳이라고 결정하여 내려 보낸 지령문을 첨가 기록한 공문서(일본 국립 공문서관 소장).

다음에 1도가 있는데 송도(독도-인용자)라고 부른다. 둘레의 주위는 30정보 정도이며, 죽도(울릉도-인용자)와 동일 선로에 있다. 은기(隱岐)로부터의 거리가 80리 정도이다. 나무나 대는 드물다. 바다 짐승이 난다.

즉 일본 내무성이 1696년 1월의 도쿠가와 막부 장군의 울릉도(죽도)·독도(송도)를 조선 영토로 재확인하여 결정할 때의 문서를 필사 정리하여 태정관에게 제출한 질품서 부속 문서에서 "다음에 섬 한 개[一島]가 있는데 송도(독도)라고 부른다."고 하여 '그 밖의 1도'가 송도(독도)임을 명확히 밝히고 있는 것이다.

일본 내무성은 약 5개월 간의 정밀한 재조사 결과 "울릉도(죽도)와 그 밖의 1도인 독도(우산도, 송도)"는 일본과 관계없는 곳이고 조선 영토로 판단 결정하였다. 그러나 영토에 대한 취사선택은 중대한 문제이므로 그 최종 결정을 국가 최고 기관인 태정관에게 요청한 것이었다.

태정관(총리대신부, 右大臣 岩倉具視)에서는 이를 다시 검토해 보고 울릉도(竹島)와 그 밖의 1도인 독도(송도)는 내무성의 판단과 같이 역시 일본과는 하등 관계가 없는 곳이고, 조선 영토라고 판정하여 최종 결정을 내렸다.

태정관(총리대신부)에서는 먼저 내무성의 질품서를 접수하여 검토한 후, 조사 국장의 기안으로 1877년 3월 20일 "품의한 취지의 죽도(울릉도) 외 1도(독도)의 건에 대하여 본방(本邦,

일본 내무성이 1877년 울릉도와 그 외 섬 하나를 일본 영토 지적에 포함시킬까에 대하여 두 섬이 일본과는 관계없는 곳이며, 조선 영토라고 판단하고 태정관에게 최종 결정을 요청하는 질품서(質稟書)를 제출할 때, 울릉도 외의 섬이 송도(독도)임을 가리킨 문서(일본 국립공문서관 소장).

일본-인용자)은 관계없다는 것을 명심할 것"이라는 지령문을 작성하여 이를 최종 결정하였다.

　별지 내무성 품의 일본해내(日本海內) 죽도 외 1도(竹島 外一島) 지적 편찬의 건(地籍編纂之件).

　위는 원록 5년 조선인이 섬에 들어간 이래 구정부와 조선과의 왕복의 결과 마침내 본방(일본)은 관계가 없다는 것을 들어 상신한 품의의 취지를 듣고, 다음과 같이 지령을 작성함이 가한지 이에 품의합니다.

　지령안(指令按)

　품의한 취지의 죽도 외 1도의 건에 대하여 본방(일본)은 관계가 없다는 것을 명심할[心得] 것.

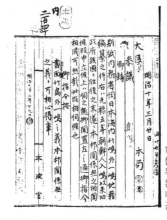

1877년 일본 태정관이 울릉도와 독도를 조선 영토라고 판단하여 "울릉도와 독도는 일본과 관계없는 곳"이므로 일본 지적에 포함시키지 말라는 결정을 내무성에 내려 보낸 공문서(일본 국립공문서관 소장).

위의 태정관의 지령문에서 "죽도(울릉도)와 그 외 1도(송도, 우산도, 독도)가 일본과 관계없다."는 것은 그 앞에 "위는 원록 5년 조선인(안용복-인용자)이 입도한 이래 그 나라(조선-인용자)와 (문서) 왕복의 결과 일본과 관계없다."고 본문에서 설명한 바와 같이 '조선 영토'이므로 일본과 관계가 없다고 명백히 밝혀 최종 결정한 것이었다.

태정관 용지에 작성된 이 귀중한 공문서의 지령문에는 태정관 우대신 이와쿠라 도모미[岩倉具視, 메이지 유신의 최고지도자의 하나]의 도장이 찍혀 있다.

일본의 최고 국가기관인 태정관은 최종 결정한 이 지령문을 1877년 3월 29일 정식으로 내무성에 내려 보내어 지령의 절차를 완료하였다. 일본 내무성은 태정관의 이 지령문을

1877년 4월 9일자로 시마네현에 내려 보내어 현지에서도 이 문제가 완전히 종결을 짓게 되었다.

일본 메이지 정부의 최고 국가기관인 태정관은 1877년 3월 29일자로 "울릉도와 독도가 일본과는 관계가 없는 곳이고 조선 영토이다."라는 최종 결정의 지령문을 재확인하여 공문서로서 내무성과 시마네 현에 내려 보낸 것이었다. 당시 일본 최고 국가기관의 울릉도·독도가 조선 영토이고 일본 영토가 아니라는 1877년 3월 29일자의 이 최종 결정은 그에 앞서 도쿠가와 막부 장군이 1696년 1월 28일 내린 결정과 같이 획기적인 것이었다.

메이지 유신 당시 일본 최고 국가기관인 태정관이 울릉도·독도를 조선 영토이고 일본 영토가 아니라는 요지의 최종 결정을 내려서 내무성과 시마네 현에 공문서로 지령한 것은 "독도는 한국 영토이다."는 진실을 일본 측 자료가 재확인하는 결정적 자료이며, 오늘날 일본 정부가 억지를 쓰는, 독도가 일본 영토라는 주장의 허구성을 잘 증명해 주는 결정적 일본 공문서라고 할 수 있다.

그렇다면 당시 일본 군부(軍部)는 울릉도·독도의 영유권을 어떻게 보았을까? 특히 바다에서 활동하는 일본 해군은 '독도'를 어느 나라 영토로 간주했을까? 물론 독도를 조선 영토로 간주하였다.

일본 육군은 육군성 참모국이 1875년(메이지 8년)에 「조선전도(朝鮮全圖)」를 편찬했는데, 울릉도(竹島)와 함께 독도(우산

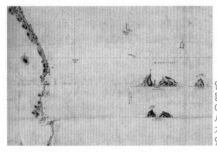

일본 해군성이 편찬한 「조선 동해안도(朝鮮東海岸圖)」. 이 지도는 독도를 두 방향에서 그린 그림까지 넣어 독도가 조선 영토임을 표시하고 있다.

도, 松島)를 조선 영토로 표시하였다. 일본 육군의 이러한 관점은 20세기에도 계속되었다. 예컨대 1936년 일본 육군 참모본부 육지 측량부는 일본 제국의 지배 영토를 원래의 구역별로 나누어 표시한 「지도구역일람도(地圖區域一覽圖)」를 편찬 발행했는데, 이 지도에서 독도를 울릉도와 함께 '조선 구역'에 넣어 표시하였다. 이 지도는 일제 패망(1945년) 후 연합국 최고사령부가 일본 제국을 해체시켜 병탄된 영토를 원주인에게 돌려줄 때 독도를 한국에 반환할 때의 중요한 일본 측 근거 자료의 하나로 연합국 최고사령부에 의해 사용되었다.

일본 해군도 독도를 조선 영토로 판단하였다. 일본 해군성 수로국은 영국, 러시아 등 서양 선박들이 조사·측량한 자료들을 번안 편집해서 1876년에 「조선동해안도(朝鮮東海岸圖)」를 편찬했는데, 독도를 울릉도와 함께 '조선 동해안'에 포함시켜 조선 영토로 표시하였다. 또한 러시아 군함이 '독도'를 3.5마일 정북(正北) 방향에서 그린 독도 그림, 북서 10도 방향 5마일 거리에서 그린 독도 그림, 북서 61도 방향 14마일 거리에서 그린 독도 그림을 「일본서북해안도」에 넣지 않고 억지로 공간을 넓혀가면서 「조선동해안도」에 넣어 독도가 '조선영토'임을 더욱 명백히 표시하였다. 일본 해군성은 그 후 1887년 「조선동해안도」의 재판을 낼 때에도 동일 방식으로 독도를 조선영토로 표시했다. 그 후에도 판이 거듭되었는데, 일본 해군성의 「조선동해안도」의 모든 판본들은 1905년까지 독도를 조선영토로 표시하였다.

또한 일본 해군성은 1886년에 세계 수로지인 「환영수로지(寰瀛水路誌)」를 편찬했는데, 독도를 '리앙코르드암'이라는 이름으로 「조선동안(朝鮮東岸)」에 수록했다. 또한 일본 해군성은 1889년에 「환영수로지」 편찬을 중단하고 이를 『일본수로지』 『조선수로지』 등 국가 영토별로 분류하여 편찬하기 시작했다. 이 때 '독도(리앙쿠르드암)'를 『일본수로지』와 『조선수로지』 중 어느 쪽에 넣는가를 보면 일본 해군의 판단과 결정을 알 수 있다. 이 때 해군성은 독도를 『조선수로지』에만 넣고 『일본수로지』에는 넣지 않음으로써, 독도를 조선 영토로 표시하였다.

일본 해군은 명백하게 독도를 조선 영토로 간주하고 판정한 것이었다.

오늘날 일본 정부의 『수로지』는 초국가적으로 '수로'를 설명하는 것이므로 국가별 영토의 의미는 없다고 반박한다는데, 이것은 사실인가? 『수로지』도 영토 개념을 포함하고 있는가?

『수로지』 앞의 접두어에 '국가 명칭'이 있으면 영토 개념을 포함한다. 예컨대 일본 해군성 수로국은 조선이 독립 국가였을 때에는 『조선수로지』를 독립시켜 편찬해서 조선 영토의 수로는 이에 포함시켰다가, 조선이 1910년에 일본의 식민지로 되자 『조선수로지』 발행을 중단했다. 그리고 1911년부터는 '조선'을 『일본수로지』 제6권으로 편찬하면서 그 이유를 "이 책은 조선전안(朝鮮全岸)의 수로로서 메이지 43년(1910년-인용자) 조선을 우리 제국이 병합했기 때문에 『일본수로지』 제6권이라고 제목을 하여 간행한다."고 서문을 썼다. 수로지가 국가별 영토 개념을 포함함을 확인할 수 있다.

일본 해군성은 '독도'를 1905년 2월 이전까지는 항상 '조선 영토'로 간주하여 『조선수로지』에 넣고 「조선 지도」에 넣었으며, 『일본수로지』에는 포함시키지 않았다. 일본 해군성이 독도를 『일본수로지』에 처음 포함시키기 시작한 것은 일제가 1905년 2월 독도를 대한제국 정부 몰래 침탈하여 시마네현에 포함시킨 이후부터이다. 일본 해군성은 1907년의 『일본수로지』 제4권의 해도(海圖)에서 은기도 북방에 처음으로 작은 점을 그려 넣어 독도를 표시하기 시작했다.

『조선수로지』의 독도 포함과 표시 설명은 일본 해군이 독도를 조선 영토로 간주한 사실의 훌륭한 증명이 된다.

일본의 메이지 정부는 1905년 이전까지는 외무성, 내무성, 태정관, 육군성, 해군성을 막론하고 독도를 조선 영토라고 명확히 인지하여 재확인하고 있었다.

1905년 일본의 독도 침탈 시도

독도가 한국의 고유 영토일 뿐 아니라 근대에 들어와서도 대한제국이 1900년 칙령 제41호로서 근대 국제공법 체계 안에서 독도가 울도군에 속한 한국 영토임을 재확인하여 『관보』에도 공표했음에도 불구하고, 왜 일본은 1904년 러·일 전쟁을 일으킨 후 독도를 침탈하여 일본에 소위 '영토 편입'하려고 획책하였을까?

일본 제국주의자들은 '정한(조선정벌)'을 실현하기 위한 전제 작업으로 한반도에 들어온 러시아 세력을 배제하기 위해 1904년 2월 8일 인천항과 여순항에 정박해 있는 러시아 군함 각 2척을 선제 기습 공격하여 격침시키고, 이틀 후인 2월 10일에는 러시아에 선전 포고를 하여 러·일 전쟁을 일으켰다. 일제는 이와 동시에 대규모의 일본군을 한국 정부의 동의도 없이 한반도에 상륙시키고, 서울에 침입하여 대한제국의 수도 서울을 군사적으로 점령하였다. 일제는 이러한 상태에서 1904년 2월 23일 대한제국 정부를 위협하여 '제1차 한·일 의정서'를 강제 조인케 하였다. 6개조로 된 이 협정에는 일본군이 러·일 전쟁 기간에 한국의 토지를 일시 수용하여 군용지로 사용할 것까지 강요하였다.

일본 해군은 1904년 2월 8일의 선제 기습 공격 때에는 러시아 군함 4척을 격침시켜 기선을 잡았으나, 블라디보스톡 함대가 남하하여 1904년 6월 15일 대마 해협에서 일본 군함 2척을 격침시키자 러시아 측이 동해에서 기선을 잡게 되었다. 일본 해군은 모든 군함에 무선 전신을 시설하는 작업을 서두는 것과 동시에 러시아 함대의 동태를 감시하기 위하여 한국 동해안의 울진군 죽변을 비롯하여 20개소에 해군 망루(감시탑)를 설치하는 작업을 서둘렀다. 그 가운데 2개는 울릉도, 1개는 '독도'에 해군 망루를 세우는 계획이 추진되었다.

종래 가치 없는 바위섬으로 간주되고 있던 독도가 러·일 전쟁으로 말미암아 군사상 매우 중요한 섬으로 부상된 것이었다. 일본 해군은 독도에 해군 망루를 세움과 동시에 독도 주위에 해저 전선을 깔아서 한반도 북부－울릉도－독도－일본 본토를 연결하는 전선망을 가설하는 작업을 적극 진행시켰다.

이 때 일본인 어업가 나카이[中井養三郎]란 자가 독도에서의 해마(海馬)잡이 독점권을 한국 정부에 청원하려고 교섭 활동을 시작하자, 이 기회에 군사 전략상 새로이 가치가 높아진 '독도'를 아예 일본 영토로 탈취해서 여기에 해군 망루를 설치하려는 일제의 공작이 일본 해군성과 외무성을 중심으로 전개되었다.

나카이는 1890년부터 외국 영해에 나가 잠수기 어업에 종사한 기업적 어업가였다. 1891~1892년에는 러시아령 부근에서 잠수기를 사용한 해마잡이 어업에 종사했고, 1893년에는 조선의 경상도·전라도 연안에서 역시 잠수기를 사용한 물개잡이·생선잡이 어업에 종사했다.

나카이는 1903년 독도에서 해마잡이를 시도했는데, 이것이 수익이 매우 높자 다른 일본 어부들이 알고 경쟁적으로 남획하는 것을 방지하고 수익을 독점하기 위해 독도의 소유자인 '대한제국' 정부로부터 어업 독점권을 이권으로 획득하려고 동경에 올라가게 되었다. 왜냐하면 독도가 한국 영토여서 그 자신이 직접 한국 정부와 교섭할 능력이 없으므로, 일본 정부의 알선을 받아 한국 정부에 선금을 내고 독도의 어업 독점권을 청원하기 위해서였다.

이 때 나카이는 독도가 한국 영토임을 알고 있었다. 나카이가 1910년에 스스로 쓴 『이력서』 『사업경영개요』에서는 "독도가 울릉도에 부속하여 한국의 영토라고 생각했다."고 명확히 쓰고 있다. 1906년 나카이가 한 설명을 받아 인용해서 1907년 나온 옥원복시(奧原福市)의 『죽도 및 울릉도(竹島及 鬱陵島)』 (1907)라는 책과 1906년 나온 『역사지리』 제8권 제6호에 수록된 나카이의 증언에서도 나카이는 "독도를 한국 영토로 생각하고 상경하여 농상무성을 통해 한국 정부에 '대하청원(貸下請願: 차용 청원)'을 내려했다."고 기록하였다. 또한 1923년에 나온 『시마네현지(島根縣誌)』에서도 "나카이 이에사브로는 이 섬(독도-인용자)을 조선 영토라고 생각해서 상경하여 농상무성에 말해서 같은 정부(한국정부-인용자)에 차용 청원을 했다."고 기록하였다. 나카이는 독도가 한국 영토임을 명확히 인지하고 있었던 것이다.

나카이는 한국 정부에 독도에서의 어업 독점권을 신청하기 위해 먼저 어업 관장 부처인 농상무성 수산국장을 방문하여 교섭하였다. 농상무성 수산국장은 해군성 수로국장(肝付)과 연락해 본 후 나카이를 해군성 수로국장에게 보냈다.

일본 해군성 수로국장은 수산국장이 보낸 나카이에게 독도는 '주인이 없는 땅(無主地)'라고 주장하면서, 나카이에게 독도의 어업 독점권을 얻으려면 한국 정부에 '대하원(貸下願)'을 신청할 것이 아니라 일본 정부에 '독도(리양꼬도) 영토 편입 및 대하원'을 제출하도록 요구하고 독려하였다.

나카이는 해군성 수로부장에게 독려당하여 1904년 9월 29일 마침내 독도를 일본 영토로 편입해서 자기에게 대부해 달라는 '리양꼬도(독도) 영토 편입 및 대하원'을 일본 정부의 내무성, 외무성, 농상무성의 3대신에게 제출하였다.

이 때에 나카이는 독도가 한국 영토임을 알고 있었으므로 주무부처인 내무성과 농상무성 뿐만 아니라 외무성에도 이 청원서를 제출하여 한국과의 분쟁이 발생하는 경우 이를 해결하려고 하였다.

일본 내무성은 나카이의 청원서를 받고 처음에는 이를 반대하였다. 그 이유는 러·일 전쟁이 전개되고 있는 이 시국에 한국 영토로 생각되는 불모의 암초를 갖는 것이 일본의 동태를 주목하고 있는 여러 외국들에게 일본이 한국 병탄의 야심이 있지 않는가 하는 의심을 증폭시킬 가능성이 있는 등 이익이 적은 반면, 한국이 항의라도 하면 일은 결코 용이하게 되지 않으리라는 이유 때문이었다. 내무성은 따라서 나카이의 독도 영토 편입 및 대하원을 각하시키려고 하였다.

그러나 일본 외무성은 내무성과는 달리 독도의 '영토 편입'을 적극 지지하였다. 외무성의 정무국장은 나카이에게 독도에 망루를 설치하여 무선 전신 또는 해저 전신을 설치하면 적의 군함에 대한 감시에 매우 좋다는 말을 들었다고 하면서, 러·일 전쟁이 일어난 이 시국이야말로 독도를 일본에 영토 편입하는 일이 긴급히 요구된다고 추동하였다. 외무성 정무국장은 나카이에게 한반도에 상륙한 일본군이 한국 서울과 궁궐을 장악하고 있으므로 내무성이 우려하는 바와 같은 외교상의 고려는 할 필요가 없다고 확언하면서, 속히 청원서를 외무성에 회부하라고 적극 독려하였다.

이와 같은 과정으로 나카이가 청원서를 제출한 후 약 4개월여 동안에 일본 정부 내부에서 독도 침탈 문제를 놓고 이론이 전개되다가, 결국 독도를 침탈하기로 일본 내무성도 가담하게 되었다. 이상과 같은 과정에 대해서는 나카이 자신이 쓴 『사업경영개요』에 잘 기록되어 남아 있다.

일본 정부는 내무대신으로 하여금 나카이의 청원서를 수용하여 1905년 1월 10일자로 일본의 내각회의 결정을 요청하도록 하였다. 이 요청을 받아서 1905년 1월 28일 일본 내각회의에서 독도를 일본 영토로 편입한다는 결정을 하였다. 이 때의 내각회의 결정 원문은 중요한 것이므로 전문을 인용하면 다음과 같다.

메이지 38년 1월 28일 각의 결정

별지 내무대신 청의 무인도 소속에 관한 건을 심사해 보니, 북위 37도 9분 30초, 동경 131도 55분, 은기도로부터 서북으로 85리에 있는 이 무인도는 타국이 이를 점유했다고 인정할 형적(形迹)이 없다. (메이지) 지난 36년 우리나라 사람 나카이란 자가 어사(漁舍)를 만들고, 인부를 데리고 가 사냥 도구(獵具)를 갖추어서 해마잡이에 착수하고, 이번에 영토 편입 및 빌려줄 것[貸下]을 출원했는 바, 이때에 소속 및 도명을 확정할 필요가 있으므로, 그 섬을 죽도라고 이름하고 이제부터는 시마네현 소속 은기도사(隱岐島司)의 소관으로 하려고 하는데 있다. 이를 심사하니 메이지 36년 이래 나카이란 자가 그 섬에 이주하고 어업에 종사한 것은 관계 서류에 의하여 밝혀지며, 국제법상 점령의 사실이 있는 것이라고 인정하여 이를 본방 소속으로 하고 시마네현 소속

은기도사의 소관으로 함이 무리 없는 건이라 사고하여 청의
대로 각의 결정이 성립되었음을 인정한다.

이 일본 내각회의 결정에서 독도를 일본 영토로 편입한 전
제로서 근거가 된 것은 독도는 "다른 나라가 이 섬을 점유했
다고 인정할 형적이 없다."고 하여 독도가 임자 없는 '무주지
(無主地)'라고 주장한 것이었다. 즉 "한국 영토인 독도"에서
'한국 영토'를 '무주지'로 만들어서 지우려 한 것이었다. 독도
를 '무주지'로 주장한 것은 나카이의 청원서에는 없는 것을
일본 내무성과 내각회의가 만들어 넣은 것이었다.

일본 정부는 '무주지'인 독도는 나카이라는 일본인이 1903년
이래 이 섬에 들어가서 어업에 종사한 일이 있기 때문에 국제
법상 일본인이 '무주지'를 선점한 사실이 있다고 인정하여 이
를 일본 영토로 '편입'한다는 '무주지 선점'에 의한 영토 편입
이라는 당시의 국제공법 규정에 맞추려 한 것이었다.

따라서 독도가 1905년 1월 이전에 '무주지'가 아니라 '한국
영토'였음이 증명되면, 이 '무주지 선점론'에 의거한 일본 내
각회의의 결정은 완전히 무효화되는 것이었다.

독도는 서기 512년(신라 지증왕 13년) 우산국이 신라에 통일
된 이래 계속하여 한국 영토로 존속해 왔으므로, 역사적 진실
은 '한국이라는 주인이 있는 섬'이었다.

또한 그동안 한국의 자료뿐만 아니라 일본의 자료에서도
독도는 '한국이라는 주인이 있는 섬'이라는 사실이 발견되며,

심지어 일본 정부 공문서 속에서도 다수 발견된다.

따라서 독도는 '무주지'라고 주장하면서, '무주지 선점론'에 의거하여 독도를 일본에 '영토 편입'한다는 1905년 1월 28일 일본 내각회의 결정은 불법적인 것이며, 완전 무효화되어 성립되지 않는 것이다. 즉 독도가 '무주지'이기 때문에 일본에 '영토 편입'한다는 1905년 1월 28일 일본 내각회의 결정은 독도가 '유주지(한국이라는 주인이 있는 땅)'이기 때문에 국제법상 전혀 성립되지 않는 것이다.

여기에 첨가하여 지적해 둘 것은 최근 일본 정부가 1905년 1월 이전에 독도가 '무주지'가 아니라 '한국 영토'라는 사실이 많은 증거 자료에 의해 실증되자, 이번에는 독도가 역사적으로 고대 이래 일본 영토라고 주장하고 있는 사실의 모순된 허구성이다. 독도가 역사적으로 일본 고유 영토였다는 증거는 단 한 건도 발견되지 않았을 뿐만 아니라, 만일 일본 정부의 주장대로 독도가 고대 이래 일본의 고유 영토라면, 일본 정부는 1905년 1월에 와서야 그 이전에는 독도가 '무주지'였고 '다른 나라 사람들이 이를 점유한 형적이 없기' 때문에 새삼스럽게 일본에 '영토 편입'한다고 내각회의 결정을 할 필요가 없는 것이 아닌가.

독도를 '무주지'라고 억지로 전제하면서 '무주지 선점론'에 의거하여 일본에 영토 편입한다는 일본 내각회의의 결정은 독도가 1905년 1월 이전에 '무주지가 아니라', '한국 소유의 유주지(有主地)'였기 때문에 국제법상 완전히 위법이며 무효의 결정인 것이다.

일본 정부는 독도를 일본에 '영토 편입'한다는 결정을 해놓고 한국 정부에 이를 사전 또는 사후에 조회 또는 통보하지 않았다. 일본 정부는 그것이 한국 영토임을 이미 잘 알고 있었기 때문이다.

원래 어떤 땅을 영토 편입하려면 그것이 '무주지'라고 할지라도 그 '무주지'의 영토 편입을 할 때에는 그곳이 면한 나라들에 사전 조회하는 것이 국제법상 요청되고 또 국제관례이기도 하였다.

예컨대 일본 정부는 1876년 태평양쪽의 오가사하라 섬(小笠原島)을 '영토 편입'할 때에는 이 섬과 간접적으로 관계가 있다고 본 영국, 미국 등과 몇 차례 절충을 하고, 구미 12개 국가들에 대하여 '오가사하라 섬'에 대한 일본의 관리 통치를 통고했었다.

독도는 울릉도의 부속 도서이고 한국의 우산도(독도, 석도)로서, '영토 편입'을 형식상 청원한 나카이와 내무성도 이를 처음 한국 영토로 인지했으므로, 일본 정부는 당연히 한국 정부에 이를 사전 조회해야 했고 또 사후 통보했어야 했는데 이러한 조회·통보도 전혀 하지 않았다. 일본 정부는 독도를 일본에 '영토 편입'한다는 내각회의 결정을 한 후, 내무대신이 1905년 2월 15일 훈령으로 시마네현 지사에게 이 사실을 고시하라고 지시했으며, 시마네현 지사는 1905년 2월 22일자의 '죽도(竹島) 편입에 대한 시마네현 고시 제40호'로서 "북위 37도 9분 30초,

동경 131도 55분, 은기도로부터의 거리가 서북으로 85해리에 있는 섬을 죽도(다케시마)라고 칭하고 지금 이후부터는 본현 소속 은기도사(隱岐島司)의 소관으로 정한다.”는 고시문을 시마네현『현보(縣報)』에 조그맣게 게재했으며, 이 고시 사실 내용을 자방 신문인『산음신문(山陰新聞)』(1905년 2월 24일자)이 조그맣게 보도했다.

일본 정부의 이러한 고시(告示) 방법은 일본이 '독도'를 일본에 '영토 편입'한 결정 사실을 대한제국 정부에 사실상 비밀 사항으로 하고 세계에도 알리지 않은 조치였다.

왜냐하면 당시 일본 수도 동경에는 주일본 한국 공사관도 있고 한국인들도 있었으나, 시마네현에는 사마네 현청에서 발행하는『현보』나 그곳 지방 신문인『산음신문』을 즉각 면밀하게 읽고 독도를 일본이 '영토 편입' 결정을 한 사실을 알아내어 서울의 한국 정부에 보고할 수 있는 한국인이 거주하고 있지 않았기 때문이다.

독도의 영토 편입은 극히 중요한 사항일 뿐 아니라, 내각회의의 결정은 '비밀 사항'이 아니면『관보』에 게재하여 중앙 정부 수준에서 공시하는 것이 통례이고 당연한 것인데, 일본 정부는 이 사안에 대해서만은 예외적 조치로 지방의 관용 소식지인『현보』에 게재하여, 이 사항을 사실상 '비밀' 속에 두려고 한 것이었다. 왜냐하면『관보』에 게재하면 동경에 있는 주일본 한국 공사관과 각국 공사관에서 이를 알게 될 것이었기 때문이다.

왜 일본 정부는 독도를 일본에 '영토 편입'한 사실을 한국 정부와 세계 각국에게 '사실상의 비밀 사항'으로 해두려고 구차한 고시 방법을 택했었는가?

독도가 '무주지'가 아니라 '한국 영토'임을 그들이 잘 알고 있었기 때문이었다.

독도의 일본에의 '영토 편입'을 형식상 신청한 나카이도 독도가 '한국 영토'임을 잘 인지하고 있었으며, 해군성도 독도를 한국 영토라고 인지하고 있으면서도 '무주지'라고 주장했었고, 외무성도 독도를 한국 영토로 인지하고 있었으면서도 독도에 일본 해군 망루를 설치하여 러·일 전쟁에서 승리를 도와야 하기 때문에 독도를 일본에 '영토 편입'해야 한다고 역설하였다. 그러나 내무성은 독도는 '한국 영토'인데 이 불모의 섬을 러·일 전쟁 도중에 일본에 '영토 편입'했다가 한국 정부가 이를 알고 항의해 오고, 또 세계 각국이 이를 알게 되면 일본은 한국 영토를 침탈하기 위한 야욕으로 러·일 전쟁을 일으켰다고 생각하게 되어 득보다 실이 클 것이라고 반대했던 사실을 주의할 필요가 있다.

그러므로 일본은 한국 영토인 독도를 '무주지'라고 해서 일본에 '영토 편입'하여 '죽도'라고 부르도록 결정한 사실을 대한제국 정부나 한국민들이 알게 되면, 이것은 한국 부속령에 대한 '침탈'이므로, 아무리 서울과 한반도가 일본군의 군사 점령 하에 있다고 할지라도 항의문을 내거나 항의 외교 활동을 할 가능성이 있고, 이렇게 되면 아직도 한국의 수도 서울에 각국 공사관들이 주재하여 활동하고 있는 상황에서 한국과 분쟁이 일어나고 서양 각국으로부터 일본의 한국 영토 침탈에 대한 비판과 러·일 전쟁 후의 일본의 한국 침탈에 대한 의심을 강화하게 될 것을 우려하여 독도의 '영토 편입' 결정 사실을 숨기려 한 것이었다.

일본의 시마네현『현보』에 의한 고시 방법은 매우 교활한 방법으로서, 국제법상 '무주지' 영토 편입 때의 요건인 '고시(告示)' 절차를 형식상 밟는 체 하면서 실제로는 '비밀 사항'으로 두려는 방법이었다. 그러나 국제법의 '고시' 규정 목적은 관련자·관심자에게 알려야 하는 것을 목적으로 한 것이므로 일본의 이 시마네현『현보』 고시 방법은 '고시'의 요건을 다 충족했다고 볼 수 없는 것이었다.

그러므로 일본이 '독도'를 '무주지'라고 전제하여 '무주지 선점론'에 의거해서 '영토 편입' 결정을 하고 '고시'한 것은, 독도가 무주지가 아니라 한국이라는 주인이 있는 한국령 '유주지'였고, 고시 방법도 교활한 기만적 방법이어서 국제법상 성립되지 않는 불법의 결정이며 무효의 결정인 것이었다.

1946년 연합국에 의한 독도 반환

일제가 1910년 8월 대한제국을 병탄하여 한국 영토 전체가 일본 식민지가 되었으므로, 이제 독도를 찾는 문제는 한국이 일제로부터 해방·광복되어 한반도를 찾을 때에라야 가능하게 되었다.

1945년 8월 15일 일본의 무조건 항복에 의한 제2차 세계대전 종결 후 일본이 약취했던 한반도와 독도는 연합국에 의해 어떻게 한국에 반환되었는가?

일본이 1945년 9월 2일 항복 문서에 조인한 후, 동경에 '연합국 최고사령부(General Headquarters Supreme Commander for the Allied Powers: 약칭 GHQ)'가 설치되어 일본 통치를 담당하게 되자, 연합국 최고사령부는 포츠담 선언의 규정들을 집행하기 시작하였다.

연합국 측은 즉각 한반도는 한국(주한 미국정)으로 이관하였다. 문제는 일본 영토로 규정한 '본주, 북해도, 구주, 사국과 우리들(연합국-인용자)이 결정하는 작은 섬들' 중에서 인접국가들 사이에 흩어져 있는 작은 섬들을 원래의 다른 나라 주인의 것과 일본의 것을 구분하는 일에 약간의 시간이 소요되었다.

드디어 연합국 최고사령부는 수개월의 조사 후에 1946년 1월 29일 '연합국 최고사령부 지령(SCAPIN: Supreme Command Allied Powers Instruction) 제677호'로서 '약간의 주변 지역을 정치상 행정상 일본으로부터 분리하는데 관한 각서'를 발표하고 집행하였다. 이 SCAPIN 제677호의 제3조에서 '독도(Liancourt Rocks, 竹島)'는 일본 영토에서 분리 제외되었는데 그 부분 전문은 다음과 같다.

이 지령의 목적을 위하여 일본은 일본의 4개 본도(홋카이도, 혼슈, 큐슈, 시코쿠)와 약 1천 개의 더 작은 인접 섬들을 포함한다고 정의된다. (1천 개의 작은 인접 섬들에) 포함되는 것은 대마도 및 북위 30도 이북의 류큐(남서)제도이다. 그리고 제외되는 것은 ① 울릉도, 리앙쿠르암(Liancourt Rocks: 독도, 죽도), 제주도 ② 북위 30도 이남의 유구(남서) 제도(구지도 포함), 이즈[伊豆], 남방(南方), 소립원(小笠原) 및 화산(琉黃)군도와 대동제도(大東諸島), 충조도(沖鳥島), 남조도(南鳥島), 중지조도(中之鳥島)를 포함한 기타 모든 외부

태평양 제도 ③ 쿠릴[千島]열도, 치무군도(齒舞群島, 小晶·
勇留·志癸·多樂島 등 포함), 색단도(色丹島) 등이다.

연합국 최고사령부는 이 SCAPIN 제677호를 '일본의 정의
(the definition of Japan)'라고 표현하였다.

SCAPIN 제677호 제3조에서 주목할 것은 그 ①, ②, ③의
집단 분류이다. 제①집단에는 울릉도·독도·제주도를 순서대
로 범주화해서 넣었는데, 이것이 일본에서 분리되어 한국에
반환되는 섬들임은 울릉도와 제주도에서 명백하다.

즉 연합국 최고사령부는 1946년 1월 29일 SCAPIN(연합국
최고사령부 지령) 제677호로서 '독도(리앙쿠르섬, 죽도)'를 원래
의 주인인 한국으로 반환하기로 결정하고 일본으로부터 분리
한 것이었다.

이것은 연합국 최고사령부가 수개월간 조사한 후 결정하여
공표한 것이었고, 연합국 최고사령부는 당시 국제법상의 합법
적 기관이었으므로, 연합국 최고사령부가 독도를 원주인인 한
국(당시 미군정)에 반환하여 한국 영토로 결정한 것은 국제법
상 효력을 갖는 것이었다. 이것은 다음의 SCAPIN 제677호의
부속 지도에서도 극명하게 표시되어 있다.

대한민국은 1948년 8월 15일 정부 수립과 동시에 미군정으
로부터 한반도와 독도 등을 인수받아 한반도와 독도 등을 한
국 영토로 하였고, 한국의 독도 영유는 연합국으로부터 1946년
1월 29일 국제법상 합법적으로 재확인 된 것이었으며, 1948년

8월 15일부터 동시에 실효적 지배를 다시 하게 된 것이었다.

일본 정부는 '독도 영유권 논쟁'을 일으킨 직후인 1952년 4월 25일자로 한국정부에 보내온 일본 측 구술서에서, SCAPIN 제677호 제6조에 "이 지령 가운데 어떠한 것도 포츠담 선언 제8조에 언급된 여러 작은 섬들의 최종적 결정

연합국 최고사령부의 SCAPIN 제677호 부속 지도의 부분 확대. 반원 속에 'TAKE'라고 표시한 섬이 독도이며 한국 영토에 속함을 명료하게 표시하였다.

에 관한 연합국의 정책을 표시한 것은 아니다."고 한 조항을 들어서 이것이 일본 영토를 최종적으로 규정한 것은 아니라고 주장하였다.

그러나 SCAPIN 제677호에서 강조된 것은 각각 국가 이익을 추구하는 복잡 미묘한 연합국들의 이해관계 속에서 다른 연합국이 이의를 제기할 경우에 대비하여 이것이 '최종적 결정'이 아니라 앞으로 필요하면 수정할 수 있다는 수정 가능성을 열어 둔 것에 불과하다.

그러면 필요한 수정을 가할 때는 어떻게 하는가? SCAPIN 제677호 제5조에서, "이 지령에 포함된 '일본의 정의(the definition of Japan)'는 그에 관하여 다른 특정한 지령이 없는 한 또

한 본 연합국 최고사령부에서 발하는 다른 모든 지령, 각서, 명령에 적용된다."고 하여, SCAPIN 제677호의 일본 영토 정의에 수정을 가할 때에는 연합국 최고사령부가 반드시 다른 특정한 다른 번호의 SCAPIN(연합국 최고사령부 지령)을 발해야 하며, 그렇지 않는 한 SCAPIN 제677호의 규정은 '일본의 정의'가 미래에도 적용됨을 명백히 밝히었다.

즉, SCAPIN 제677호의 규정을 독도에 적용하면, 제3조에서 독도를 일본 영토에서 분리하여 한국 영토로 울릉도와 제주도와 함께 반환하되, 제5조에서 독도의 한국 영토로의 반환에 수정을 가하고자 할 때에는 반드시 연합국 최고사령부가 다른 번호의 특정한 지령을 발해야 수정할 수 있다고 하고, 제6조에서는 이러한 (제5조의) 전제에서 독도의 일본 영토에서의 분리와 한국에의 반환은 연합국 정책의 '최종적 결정'은 아니라고 볼 수 있다고 규정한 것이었다.

그러므로 독도를 일본 정부의 주장처럼 일본 영토로 편입하려면 반드시 연합국 최고사령부가 다른 특정한 (따라서 다른 번호의) SCAPIN을 발표하여 "한국에 반환했던 독도를 이번에는 일본에 영토 편입한다."는 요지의 지령문이 발표되어야만 성립할 수 있게 된 것이었다.

연합국 최고사령부는 1946년 1월 29일 SCAPIN 제677호를 발표하여 독도를 일본으로부터 정치상 행정상 분리해서 한국에 반환한 이후 1952년 해체될 때까지 독도를 일본 영토로 귀속시킨다는 내용의 다른 특정한 SCAPIN을 발표한 일이 없다.

따라서 독도는 국제법상으로 1946년 1월 29일 SCAPIN 제677호에 의해 한국 영토로 재확인되어, 오늘날까지 국제법상의 합법적 지배가 계속되고 있는 것이다.

연합국 최고사령부가 독도에 관련하여 발표한 SCAPIN 제1033호가 하나 더 있는데, 그의 내용은 대한민국의 독도 영유를 더욱 보장하는 것이었다.

연합국 최고사령부는 1946년 6월 22일 SCAPIN(연합국 최고사령부 지령) 제1033호 제3조에서 '일본인의 어업 및 포경업의 허가 구역(통칭 맥아더 라인)'을 설정했는데, 그 b항에서 "일본인의 선박 및 승무원은 금후 북위 37도15분, 동경 131도 53분에 있는 리앙쿠르암(독도, 죽도-인용자)의 12해리 이내에 접근하지 못하며, 또한 같은 섬에 어떠한 접근도 하지 못한다."고 규정하여, 일본인의 독도 접근을 엄격히 금지하였다.

이것은 연합국 최고사령부가 독도와 그 영해, 근접 수역을 한국(당시 미군정)의 영토와 영해로 재확인하고 일본인의 독도에의 접근은 물론이요 독도 주변 12해리 영해와 근접 수역에도 들어가지 못하도록 금지하여 '독도'가 한국 영토임을 거듭 명확히 재확인한 것이었다.

이와 같이 국제법상의 합법 기관으로서의 연합국 최고사령부는 SCAPIN 제677호와 제1033호에 의하여 독도가 한국(당시 미군정)의 영토이고 일본 영토가 아님을 명확히 결정하고 재확인한 것이었다. 그리고 1948년 8월 15일 대한민국 정부가 수립되자 대한민국이 미군정으로부터 독도를 다른 한반도 영토와 함께 인수, 접수한 것이었다.

그러므로 대한민국의 독도 영유는 SCAPIN 제677호와 SCAPIN 제1033호에 의하여 국제법상으로도 '독도는 한국 영토'임을 명확하게 재확인 받은 것이다.

연합국의 '대일본 강화 조약'의 '독도' 누락

　　연합국은 일본을 1952년에 재독립시켜 주기로 하고, 이를 위해 1951년에 '대(對)일본 강화조약'을 체결하였다.

　　일본 정부는 1951년 9월 8일 미국을 비롯한 48개 연합국과 일본이 서명한 '대일본 강화조약'의 제2조에서, "일본은 한국의 독립을 승인하고 제주도, 거문도, 울릉도를 포함하는 한국에 대한 모든 권리·권원 및 청구권을 포기한다."고 규정했는데, 이 포기 부문에 독도가 포함되어 표시되어 있지 않으므로 독도는 일본 영토라고 주장하고 있다. 그렇다면 제주도·거문도·울릉도를 제외한 한반도 주변 3000여 개의 섬은 조약문에 이름이 누락되어 있으니 모두 일본이 포기하지 않은 일본 영토란 말인가? 일본 정부의 이 주장은 전혀 성립될 수 없는 것이다.

연합국 측은 앞에서도 설명한 바와 같이 연합국 최고사령부가 1946년 1월 29일 SCAPIN 제 677호에 의해 독도를 일본 영토에서 제외하여 한국에 반환하면서, 그 제5조에서 이 결정을 수정하고자 할 때에는 반드시 연합국(최고사령부)이 다른 특정한 지령을 발해야 한다고 명백히 하였다.

　이를 독도의 경우에 적용하면, 만일 연합국이 SCAPIN 제 677호의 결정을 수정해서 예컨대 "일본에서 제외하여 한국에 반환했던 독도를 수정하여 일본에 부속시킨다."는 '수정'을 가하고자 할 때는 연합국 측이 다른 특정한 지령을 발하거나 그에 해당하는 명문 규정을 해야 하게 되어있는 것이다.

　그런데 연합국 최고사령부는 1952년 해체되고 일본이 재독립할 때까지 그러한 다른 특정의 지령을 발표하지 않았으므로 독도는 여전히 연합국 측도 한국 영토로 인정하여 국제법이 보장하는 한국 영토로 되어있는 것이다.

　일본 측은 이를 잘 알고 1951년 '대일본 강화조약' 초안 작성 때 맹렬한 로비를 전개하여, 한 때는 독도를 일본 영토에 포함시키고 명문 규정을 초안하는 데까지 성공했다가, 최종 단계에서 연합국 측이 이를 삭제하여 연합국 측의 명문 규정에 의한 수정에 실패하였다.

　그러므로 1951년 샌프란시스코에서 체결된 '대일본 강화조약'에서 독도를 일본 영토에 포함시킨다는 내용의 명문 규정이 없는 한, 연합국 측은 '독도'를 한국 영토로 인정한 것이 되며, 일본은 국제법상 독도에 대해 영유권을 주장할 수 없는 것이다.

그러므로 1951년 연합국의 '대일본 강화조약'의 조약문은 연합국이 독도를 일본 영토로 인정한 것이 전혀 아니며, 도리어 반사적으로 SCAPIN 제677호가 계속 유효하여 독도가 한국 영토임이 계속 인정된 것이다.

연합국 측이 1951년의 '대일본 강화조약'에서는 독도를 누락시킨 것은 일본의 교활한 로비 때문이었다.

연합국의 '대일본 강화조약' 초안에 처음에는 독도가 포함되어 있었다. 미국이 주도하여 1947년 3월 20일자로 성안한 제1차 미국 초안에서는 "일본은 한국(한반도-인용자), 제주도, 거문도, 울릉도, 독도(리앙쿠르암, 죽도)를 포함하여 한국 연안의 모든 보다 작은 섬에 대한 권리 및 권원을 포기한다."고 하여 독도가 분명하게 포함되어 있었다.

그리고 미국의 제2차 초안(1947년 8월 5일 성안), 제3차 초안(1948년 1월 2일 성안), 제4차 초안(1949년 10월 13일 성안), 제5차 초안(1949년 11월 2일 성안)까지는 독도가 한국 영토에 명문으로 기록되어 포함되어 있었다.

그러나 제6차 초안(1949년 12월 29일 성안)에서는 독도의 이름이 한국 영토에서 빠지게 되었고 일본 영토에 기록되었다.

연합국 측의 '대일본 강화조약'의 제5차 미국 초안까지는 독도의 이름이 한국 영토에 기록되어 있다가 제6차 초안에서는 독도의 명칭이 일본 영토에 기록된 것은 배후에 일본 측의 맹렬한 로비가 있었기 때문이었다.

일본 측은 연합국의 '대일본 강화조약'의 제5차 초안의 정보를 입수하자 당시 일본 정부 고문이었던 시볼트(W. J. Sebald)를 내세워 맹렬한 로비를 하였다. '대일본 강화조약'에서 독도를 한국 영토에서 제외시키고 일본 영토에 포함시키도록 명문 규정을 넣어달라는 것이었다. 이것은 연합국이 1946년 1월 29일 발포한 SCAPIN 제677호의 '수정'을 요구한 로비였다.

시볼트는 1949년 11월 14일 미국무부에 '리앙쿠르암(독도)에 대한 재고'를 요청하고 전보를 쳤다. 시볼트는 이어서 서면으로 다음과 같은 의견서를 제출하였다.

> 일본이 전에 영유하고 있던 한국 쪽으로 위치한 섬들의 처리와 관련하여 리앙쿠르암(독도, 죽도)을 제3조에서 일본에 속하는 것으로 명시할 것을 건의한다. 이 섬에 대한 일본의 주장은 오래 되었으며, 정당한 것으로 여겨진다. 이 섬을 한국의 연안으로부터 떨어진 섬이라고 보기는 어렵다. 안보적 측면에서 이 섬에 기상과 레이더 기지를 설치하는 것이 미국의 국가 이익 측면에서 고려될 수 있다.

위의 시볼트의 의견서에서 주목할 것은 독도를 연합국의 '대일본 강화조약' 제3조에서 일본 영토에 속하는 것으로 명기할 것을 강력하게 요청했을 뿐 아니라, 이를 관철하기 위해 교활하게도 독도를 일본 영토에 편입시켜 주면 이 섬에 미군의 기상 및 레이더 기지를 설치하는 것이 미국의 국가 이익에 부합한다고 강조해서, 미국 정치가들이 중시하는 미국 국가이익에 호소했다는 사실이다. 이것은 물론 독도를 일본 영토로 편입시키려는 일본인 로비스트들이 배후에서 교사한 교활성이라고 볼 수 있다.

시볼트의 로비는 즉각 효과를 나타내어, 미 국무부는 연합국의 '대일본 강화조약'의 제6차 미국 초안(1949년 12월 29일 성안) 제3조의 일본 영토를 표시한 조항에다가 독도를 일본 영토에 포함시켰다.

그리고 그 주석에는 "독도(죽도)는 1905년 일본에 의하여 정식으로, 명백하게 한국으로부터 항의를 받음이 없이, 영토로 주장되고 시마네현의 오키지청 관할하에 두었다."고 설명하였다. 시볼트가 독도를 일본 영토로 간주하여 일본에 편입시키자는 로비 주장의 근거는 일제가 1905년 1월 독도를 '무주지'라고 주장하면서 일본 내각회의에서 소위 '영토 편입'을 결정한 사실과, 그 당시에 한국으로부터 명백하게 항의를 받은 바 없었다는 것이었음을 주목할 필요가 있다.

그러나 '독도'는 '무주지'가 아니라 '한국'이라는 주인이 있는 '유주지'였고, 1905년 2월 당시에 한국 정부와 한국인들은 일본 내각회의가 '독도'를 '무주지'라고 주장하면서 침탈하는 결정을 내린 사실을, 일본 정부가 중앙정부 수준에서 『관보』 등에 당당하게 공시하지 못하고 시마네현의 『현보』에 조그맣게 수록하여 사실상 비밀 조치를 했기 때문에 알지 못하였다. 일제는 통감부가 활동하여 한국 내정까지 본격적으로 간섭하기 시작한 1906년 3월 말에야 소식을 '누출'시켰는데, 늦었지만 이를 알게 된 대한제국 정부는 이를 거부하고 항의하는 지령문을 남기었다. 그러므로 시볼트의 주장은 전혀 성립될 수 없는 허구의 것이었다.

그럼에도 불구하고 제6차 미국 초안에서는 독도(죽도)가 일본 영토로 포함되어 표기되고, 한국 영토 조항에서는 교묘한 방법으로 눈에 띄지 않게 지워졌다.

미국 측을 향한 일본의 로비의 영향으로 연합국의 '대일본 강화조약'에서 한국 영토인 독도는 일본 영토에 포함되어 표기될 절박한 위험에 처하게 된 것이었다.

그러나 연합국의 '대일본 강화조약'은 미국만이 담당하는 것이 아니라 다른 연합국도 초안을 작성할 수 있으며, 연합국 측 48개 국의 동의 서명을 받아야 성립될 수 있게 되어 있었다. 그러나 제6차 미국 초안(독도를 일본 영토로 '수정' 표시)을 본 오스트레일리아와 영국이 항의성 질문을 제기하였다. 이 질문에 대해 미국은 "독도를 일본 영토라고 해석한다."는 답변서를 보냈음에도 불구하고 오스트레일리아, 뉴질랜드, 영국 등은 미국의 '수정'에 동의하는 문서를 보내오지 않았다.

뉴질랜드와 영국은 독도를 한국 영토로 보는 견해를 완곡하게 우회적으로 표시하면서, 일본 주변에 있는 어떠한 섬도 주권 분쟁의 소지를 남겨서는 안된다고 강조하고, 미국의 '수정' 제안과 설명에 동의를 하지 않았다. 뿐만 아니라 영국은 자기 나라 독자적인 '대일본 강화조약' 초안을 세 차례 만들

「연합국의 구일본 영토처리에 관한 합의서 부속 지도」 독도가 대한민국 영토로 처리되어 구획되었다.

게 되었다. 영국의 2·3차 초안에서는 독도를 명백하게 한국영토에 포함시켰다.

결국 미국은 7·8·9차 초안에서는 독도를 일본 영토에서 빼고 한국 영토에도 포함시키지 않은 채 독도 명칭을 누락시켰다. 이어서 미국과 영국의 합동 초안(1951년 5월 3일 성안)에서도 독도를 일본 영토 조항에도 넣지 않고, 한국 영토 조항에도 넣지 않으면서, 독도라는 이름을 아예 연합국의 '대일본 강화조약' 모두에서 빼어버리는 초안을 만들어서 이것이 샌프란시스코 대일본 강화회의에 제출되어 합의 서명하게 된 것이었다.

이 사이에 대한민국 외무부는 정보를 입수하지 못한 탓인지 독도 영유권에 대해서는 활동한 것이 없었다.

그러나 SCAPIN 제677조 제5항에 의하여 독도를 일본 영토라고 '수정'하여 명기해야만 문제가 발생하지, 독도의 이름을 일본 영토에 포함시켜 명기하지 못하면 국제법상으로 독도는 SCAPIN 제677조에 의하여 여전히 한국 영토로 재확인되는 것이므로, 일본 로비의 최종 실패와 영국, 오스트레일리아, 뉴질랜드의 미국 '수정안'에 대한 동의 유보는 대한민국의 독도 영유에 반사적 이익을 준 것이었다.

뿐만 아니라 대한민국은 1948년 8월 15일 독립 국가로 건국되고 같은 해 12월 12일에는 한반도의 유일 합법 정부로서 국제연합(UN)으로부터 승인을 받아서, 이미 국제법상 합법적으로 독도를 영유하고 있었다.

반면에 일본은 1951년 9월 8일 연합국의 '대일본 강화조약'과 1952년 4월 28일의 이 조약 발효로 한국보다 4년 늦게 1952년에야 재독립하게 되었다. 그러므로 미국을 내세운 일본 측의 로비가 설령 성공해서 1951년 9월의 연합국의 '대일본 강화조약'에 한국 영토인 독도를 일본 영토로 '수정'하여 명문으로 조문화하는데 성공하는 경우에도 한국 정부의 동의가 필요한 처지에 놓이게 되었다. 왜냐하면 대한민국은 주권국가로서 이미 독도를 1946년에 국제법상으로 정당하게 재법인 받아 영유하고 있었고, 연합국의 '대일본 강화조약'에는 서명하지 않는 제3자(제3국)이었기 때문에, 독도의 소유 이동에 대한 소유권 국가 대한민국의 동의와 서명이 반드시 필요한 일이었기 때문이었다.

그런데 1951년의 연합국의 '대일본 강화조약'에서는 독도가 일본 영토라는 기록을 명문으로 조약문에 기록하지 못했으니, 일본이 독도 영유권을 승인 받았다고 주장할 근거는 전혀 어디에도 존재하지 않는 것이다.

주목할 것은 대한민국 외무부의 독도 수호에 대한 소극적인 정책과 무능무위로 말미암아, 연합국의 '대일본 강화조약' 초안에서 제1차 초안부터 제5차 초안까지는 독도를 한국 영토라고 명문으로 기록했었는데 이것을 끝까지 수호하지 못했다는 사실이다. 하마터면 당시 외무부의 소극적 정책과 무능무위로 독도를 빼앗길 위험해 처할 뻔 했었다.

한편 일본은 미국을 내세워 맹렬한 로비를 해서 제5차 초안까지 독도를 한국 영토라고 명문으로 기록했던 것을 삭제하는데 성공했고, 제6차에 한번 명문으로 '독도(죽도)'가 일본 영토라는 기록을 명문으로 바꾸어 기록하는데도 성공했으나, 영국, 뉴질랜드, 오스트레일리아 등 다른 연합국의 동의를 받지 못하여 제7차~제9차 미국 초안에서는 독도 명칭을 누락시켰고, 결국 최종 조약문에서는 독도가 모든 항목에서 삭제되기에 이르러 일본의 시도는 실패로 돌아가게 된 것이었다.

대한민국은 외무부의 소극 정책으로 독도를 잃거나 영토 분쟁에 휘말려 들어갈 뻔했다가 일본과 미국 로비의 실패로 반사적 이익을 얻게 되어, 1946년 1월 29일 연합국 최고사령부의 SCAPIN 제677호의 독도를 일본 영토에서 제외하여 한국 영토로 반환한 결정이 계속 효력을 갖고 국제법적 정당성을 갖게 된 것이었다.

그러므로 1951년 연합국의 '대일본 강화조약'에서 일본이 포기한 섬의 이름에 '독도'의 명칭이 없으므로 독도는 일본 영토라는 일본 정부의 주장은 사실과 전혀 다른 황당무계한 거짓말인 것이다. 그렇다면 한반도 주변의 한국 영유의 3,000

여개의 섬들이 제주도·거문도·울릉도를 제외하고는 모두 일본 영토란 말인가? 그렇지 않다. 독도는 울릉도의 부속 도서이므로 울릉도만 기록되어 있으면, 울릉도의 부속 도서인 독도는 울릉도의 영유권자의 영토로 해석되는 것이다. 제주도의 일본 방향에 '우도'가 있는데, 이 섬은 제주도의 부속 도서이기 때문에 제주도만 한국 영토로 기록되어 있으면 '우도'도 한국 영토로 공인되는 것과 같은 논리이다.

뿐만 아니라 최근 발견된 바, 1950년에 연합국 실무 대표들이 샌프란시스코 강화조약의 준비로 직전에 작성 합의한 '연합국의 구일본 영토 처리에 관한 합의서(Agreement Respecting the Diposition of Former Japanese Territories)'의 제3항에서는 '독도'를 한국 영토로 명기하여 포함시켰다. 이 문서는 샌프란시스코 '대일본 강화조약'의 해석 문서가 되므로, 본 조약문에 독도의 명칭이 누락되었어도 독도가 한국 영토로 해석되는 근거를 제공하는 것이다.

일본 정부는 샌프란시스코에서의 1951년 연합국의 '대일본 강화조약'에서 일본이 한국에 반환한 영토는 1910년 8월 소위 '합병 조약' 때 점령한 영토이고, 그 이전인 1905년에 영토 편입한 곳은 포함되지 않았다고 주장하고 있다는데, 이것도 전혀 성립하지 않는 주장이다.

연합국의 '대일본 강화조약'에서는 일본이 약탈한 외국 토지의 판단 기준 시점으로 연합국은 1894년 1월 1일을 채택하였다. 그리하여 일본은 1894~1895년에 빼앗은 대만과 팽호도를 중국에 반환하였고, 독도보다 10개월 후인 1905년 11월에 빼앗은 요동 반도를 중국에, 사할린을 러시아에 돌려주었음을 재확인하였다. 만일 1905년 2월 독도를 빼앗기 10년 이전인 1895년에 한국의 어느 섬을 일본이 '폭력과 야욕에 의해 약취한' 섬이 있었다면 독도 뿐만 아니라 1895년에 약취당한 그 섬도 반환받게 되어있었다.

그러므로 1905년 2월에 일본이 '폭력과 야욕에 의해 약취한' 독도는 당연히 한국에 반환되어야 하고, 그것은 1946년 1월 29일 SCAPIN 제677호에 의해 실현되었던 것이다.

1951년의 샌프란시스코 대일본 강화조약에 독도 명칭이 한국 영토와 일본 영토 모두에서 누락되어 있고 일본이 포기하는 섬의 명칭에 누락되어 있어도, 독도는 울릉도의 부속 도서이기 때문에 울릉도의 명칭만 기록되어 있으면 울릉도의 부속도서인 독도는 한국 영토로 해석되는 것이다. 또한 샌프란시스코 조약의 해석 문서가 되는 1950년의 준비 문서인 '연합국의 구 일본 영토 처리에 관한 합의서'에 독도가 '대한민국'의 영토라고 명문으로 명칭을 들면서 기록되어 있으니, 샌프란시스코 조약에서도 '독도'는 변함없이 한국 영토로 해석된 것이다.

독도의 객관적 영유권자는 누구인가?

지금까지의 고찰에서 명백히 알 수 있는 바와 같이 독도는 역사적으로, 그리고 국제법상으로 명백한 한국 영토이다. 즉 독도의 객관적 영유권자는 한국인 것이다.

현재까지 한국과 일본의 고문헌이 백여 점 발굴되었는데, 영토 소속을 언급한 모든 한국과 일본 고문헌들은 독도를 모두 조선 영토라고 밝혔다. 현재 독도를 일본 영토라고 기록한 일본 고문헌은 한 점도 나오지 않았다. 이것은 역사적 '진실'이 독도가 한국 영토였기 때문에 일본 고문헌에서조차 이러한 결과가 나온 것이다. 역사적으로 독도는 명백하게 일백 퍼센트 한국 영토인 것이다.

그러면 국제법상으로 독도는 어느 나라 영토인가? 국제법이 동양에 적용된 것은 근대부터이다. 대한제국은 1900년 10월 칙령 제41호로써 지방 제도를 개정하여 울도군(鬱島郡)을 설치할 때 종래 강원도 울진현에 속해 있던 울릉도와 독도를 신설한 울도군에 속한다고 내각에서 결정하여 『관보』에 등재하여 세계에 공포하였다. 이것은 대한제국 정부가 근대 국제법상 독도가 한국 영토임을 거듭 재확인하여 세계에 공표한 것이었다.

일본은 이보다 약 4년 3개월 후인 1905년 1월 러·일 전쟁 중에 독도를 '무주지(無主地)'라고 주장하면서 독도에 일본해군의 망루를 설치하기 위해 일본 영토에 편입하는 내각 결정을 한 바 있다. 그러나 이때 독도는 무주지이기는커녕 한국이라는 '주인'이 있는 '유주지'였기 때문에 일본 정부의 이 결정은 원천적으로 성립되지 않는 무효의 것이었다. 당시 일본 정부도 이것을 의식하고 독도 일본 영토 편입 결정을 한국에 알지 못하도록 한국인이 읽는 일본의 중앙 『관보』에 게재하지 못하고, 시마네현청에서 관내 고시하도록 하였다. 한국 정부에 조회나 통보도 하지 못했음은 물론이다.

이어서 10개월 후인 1905년 11월에는 '을사 5조약'을 강요당해 외교권을 강탈당하고 대한제국 외무부가 폐지되었다. 다시 5년 후 1910년 8월에는 삼천리 강토 모두를 강탈당했다.

1945년 8월 한국이 해방되고 일본이 패망하자, 연합국은 '일본 제국'을 해체하여 일제가 다른 나라로부터 빼앗은 영토들은 모두 '원주인' 나라에 반환해 주기로 결정하였다. 그 기준 일자는 일제가 '청·일 전쟁'을 일으킨 해인 1894년 1월 1일로 하였다. 즉 1894년 1월 1일 당시의 일본 영토를 '일본'으로 정의하고, 그 이후 빼앗은 영토는 모두 원주인에게 돌려주도록 한 것이다.

연합국 최고사령부는 1946년 1월 29일 지령(SCAPIN) 제677호를 공포하여 '일본의 정의'를 내리면서 '독도'는 한국 영토로 판정하고 일본 영토에서 제외하여 한국에 반환하였다. 이것은 국제법에서 공인된 판정이었다.

이어서 연합국(당시 48여 개국)은 일본과 강화조약을 체결하여 일본을 재독립시켜 주기로 합의하고 샌프란시스코 강화조약 체결 준비로 1950년 '연합국의 구일본 영토 처리에 관한 합의서'를 작성하였다. 이 합의서에도 '독도'를 한국 영토로 판정하여 '대한민국 영토'로 처리하기로 합의하였다.

강화조약 초안을 미국이 작성했는데 제1차 초안부터 제5차 초안까지 독도는 한국 영토에 명문으로 포함시켰다. 제5차 초안을 알게 된 일본 과도정부가 미국인 고문을 내세워 독도를 미공군 레이더 기지와 기상관측소로 제공하겠다고 맹렬한 로비를 한 결과 제6차 초안에서는 독도를 한국 영토에서 빼내어 일본 영토에 포함시켰다. 그러나 영국, 뉴질랜드, 오스트레일리아 등 다른 연합국이 미국의 제6차 초안에 동의해 주지 않았다. 이에 제7차~9차 미국 초안에서 '독도'는 아예 그 이름을 빼어버렸다. 1951년 9월 샌프란시스코에서 조인된 연합국의 대일본 강화조약에서는 제2조에서 "일본은 한국의 독립을 승인하고 제주도, 거문도, 울릉도를 포함하는 한국에 대한 모든 권리·권언 및 청구권을 포기한다."고 하여 '독도'의 명칭이 누락되게 하였다. 일본 측은 이것을 갖고 '독도'는 연합국이 일본 영토로 인정했다고 주장하고 있는 것이다.

그러나 이것은 사실이 아니다. 종래 한국 측 주장과 같이 '독도는 울릉도의 부속 도서'이기 때문에 울릉도만 기록되어 있으면 그 부속 도서인 독도는 자동적으로 한국 영토로 인정한 것으로 보아야 하기 때문이다. 제주도 부속 도서로 우도(牛島)가 있는데 제주도만 기록되면 그 부속 도서인 우도는 자동적으로 포함되기 때문이다. 한국 영토에 포함된 수천 개의 섬들의 명칭을 일일이 기록할 수는 없는 것이다.

뿐만 아니라 필자가 최근 발굴하여 소개한 연합국이 샌프란시스코 조약의 준비로 합의한 내부 합의서인 1950년의 '연합국의 구 일본 영토 처리에 관한 합의서'에 '독도'가 명백하게 명문으로 '대한민국 영토'로 정의되어 있으니, 조약본문에 명문으로 기록되지 않았어도 내부 문서에서 독도는 한국 영토로 인정된 것이었다.

그러므로 국제법상으로도 독도는 명명백백하게 한국 영토인 것이다. 이것은 일본을 제외한 국제 사회에서 공인되어 있다.

독도는 역사적으로나 국제법상으로나 실효적 점유에서나 명백하게 대한민국의 영토이다. 독도에 대해 대한민국은 '실체 영유권'을 갖고 있다. 독도 영유권을 100으로 표시한다면 대한민국은 100을 모두 갖고 있는데 비해 일본은 0을 갖고 있다. 일본은 독도 영유권을 '주장'하고 있을 뿐이다. '실체 영유권' 소유와 '주장' 사이에는 천양지차가 있다. 따라서 한국과 일본 사이에 '독도 영유권 분쟁'은 없다. '독도 영유권 논쟁'이 있을 뿐이다. 그러므로 일본은 1999년의 '신 한·일 어업협정'에서 독도를 울릉도에서 분리하고 한국과 50대 50의 대등한 권리를 설정해 보려고 획책했었다.

일본은 독도 침탈의 전략의 하나로 1954년부터 국제 사법재판소에 가서 독도 영유권을 재판받자고 제의하고 있다. 또한 한반도 유사시에는 일본 해군으로 독도를 무력 침탈할 전략도 갖고 있다고 전한다. 한국은 이에 어떻게 대응해야 할 것인가?

독도는 역사적으로나 국제법상으로나 실효적 점유에서나 명백한 한국 영토이고 '영토 분쟁지'가 아니므로 일본의 국제 사법재판소에 가자는 제의에는 단호히 거부할 뿐 아니라, 한국 정부의 보다 적극적인 독도 수호 정책이 실행되어야 한다. 일본 정부·총리 등의 독도 영유권 '주장'에 대해서도 침묵과 무대응만 할 것이 아니라 그때그때 일본 주장을 비판하고 '독도가 한국의 배타적 영토'임을 적절하게 세계에 발언해야 국제사회에서 "혹시 한국의 주장이 근거가 없고 일본의 주장에 근거가 있으므로 한국이 침묵하는 것이 아닌가?" 라는 오해가 축적됨을 방지할 수 있고 그 필요가 절실하다.

국제법상 독도의 영유권에 대해서는 국제법상의 연합국 기관인 '연합국 최고사령부'가 1946년에 한국 영토로 판정해서 독도를 주한 미군정에 반환했다. 1948년 8월 15일에는 대한민국이 수립되자 이를 즉각 인수하여 대한민국 영토로서 통치하면서 1948년 12월 12일 국제연합으로부터 국제 사회의 합법적 주권 국가로 승인 받고, 당시의 영토(독도 포함)에 대한 통치권을 국제연합에서 공인 받았다. 뿐만 아니라 연합국이 1951년 대일본 강화조약 체결 준비로 1950년 합의 작성한 '연합국의 구일본 영토 처리에 관한 합의서'에서도 명문(明文)으로 독도를 거명하면서 '대한민국 주권의 영토'임을 명백히 규정하였다. 그러므로 대일본 강화조약 본문에 '독도' 이름이 한국 영토와 일본 영토 모두에서 누락되어 있다 할지라도 그 내부 부수 문서인 '연합국의 구일본 영토 처리에 관한 합의서(1950년)'와 '연합국 최고사령부 지령 제677호(1946년)' 등에 의하여 독도는 국제법상 명백하게 한국 영토로 판정된 것이다. 따라서 한국은 국제법 기관이 이미 한국 영토로 판정해 준 자기의 배타적 영토인 독도를 일본이 주장한다고 해서 국제기관의 재판 도마 위에 올려놓는 어리석음을 범해서는 절대 안되는 것이다. 더구나 헤이그 국제 사법재판소 판사 15명 가운데 1명은 언제나 일본인이 배치되어 있고, 일본인의 로비가 매우 활발한데 이미 판정받은 한국 영토를 또 판정해달라고 내미는 것은 친일 매국노가 아니면 할 수 없는 일인 것이다. 독도 문제에 대한 한국의 대응 방향으로서는 다음과 같은 정책이 중요하다.

첫째, 한국이 1996년 1월 유엔 신해양법을 채택한 후, 한국 외무부가 동해쪽 한국 배타적 경제수역(EEZ)의 기점을 1997년 7월 울릉도를 채택한다고 공표하고 '독도 기점'을 포기한 것을 하루 속히 취소해야 한다. 그리고 당당하게 '독도 기점' 채택을 공표해야 한다. 한국의 '독도 기점' 채택 선포는 일본이나 타국의 동의를 구할 필요가 없는 일방적 주권 사항이므로 한국 정부의 정책 채택만 필요한 것이다. 일본 측은 이미 1996년에 한국 영토 '독도'를 자기 영토라고 주장하면서 '독도'를 일본 EEZ의 기점으로 공표한 바 있다. 한국 정부는 당연히 이를 반박 비판하고 한국 EEZ의 기점을 '독도'로 취해야 했다. 그런데 한국 외무부는 1년 후인 1997년 7월에 '독도 기점'을 포기하고 '울릉도 기점'을 공표했으니 정책이 잘못된 것이다. 이 상태를 하루 속히 교정해야 한다. 만일 그대로 두어 굳어지면 국제 사회에서 한국의 독도 영유 의지가 의심받게 되고, 한국이 독도 영유를 실제로는 포기한 것이 아닌가 오해받을 여지가 있다.

둘째, 1999년 1월 23일 발효된 신 한·일 어업협정에서 '중간 수역'을 설정하여 독도가 한국 영토라는 아무런 시사도 없이 독도가 '중간 수역'에 들어가 있는 상태를 교정해야 한다. 일본에서는 이를 '일·한 공동관리 수역', 영토 분쟁 때 설정하는 '잠정 조치 수역'이라고 호칭한다. 그 결과 울릉도는 '한국 EEZ 수역'에 들어가고 독도는 이질적인 '중간 수역'에 들어가 버렸다. 그리하여 울릉도의 속도인 독도가 수역상 울릉도로부터 분리되어 버렸다. 이것은 1951년 샌프란시스코 대일본 강화조약 본문에서 울릉도 명칭만 있고 독도 명칭이 누락된 것을 독도는 '울릉도의 부속 도서'이므로 당연히 울릉도에는 '부속 도서 독도'가 포함된다고 한 한국 측 해석을 일본 측이 붕괴시키려 한 것이다. 일본 측은 '일·한 공동관리 수역'에 포함된 '독도'와 그 12해리 영해는 일본 영토·일본 영해라고 주장하고 있다. 따라서 한국 측은 신 한·일 어업협정의 '중간 수역'을 폐기하거나 또는 더 넓혀서 울릉도와 일본 오키도를 모두 중간 수역에 넣어 울릉도와 독도가 동질적 수역에 들어가도록 신 한·일 어업협정을 개정해야 한다. 독도와 그 12해리 영해가 한국 영토로서 '중간 수역'에 포함되지 않는다는 한·일 양국 '합의서'를 받아내는 것도 한 방법이다. 만일 일본이 응하지 않으면 신 한·일 어업협정은 2002년 1월 22일로 3년 만기 종료되어 그 후는 언제든지 한국 정부가 종료 통보나 폐기 선언을 할 수 있다. 그리하여 신어업협정 체결을 위한 재협상을 하더라도 독도를 잘 보전해야 한다.

셋째, 실효적 점유 조건의 하나에 '평화적 점유'가 있으므로 민간인이 1가구 이상 독도에 거주하고 있는 것이 좋다. 신 한·일 어업협정 후 독도에 거주하는 민간인 김 씨 1가구를 철수시켰는데 이것도 잘못된 정책이다. 다시 원상 복귀 시키거나 아예 특별법을 제정하여 독도를 친환경적으로 개발할 필요가 있다.

독도는 명명백백하게 한국의 배타적 영토이므로 정부와 국민이 당당하게 적극적으로 보전하고 지켜야 일본의 부당한 도전을 물리칠 수 있다.

신용하 교수의 독도 이야기

펴낸날	초판 1쇄 2004년 11월 30일
	초판 10쇄 2016년 7월 12일

지은이	신용하
펴낸이	심만수
펴낸곳	(주)살림출판사
출판등록	1989년 11월 1일 제9-210호

주소	경기도 파주시 광인사길 30
전화	031-955-1350 팩스 031-624-1356
홈페이지	http://www.sallimbooks.com
이메일	book@sallimbooks.com

ISBN	978-89-522-0307-6 04080
	978-89-522-0096-9 04080 (세트)

089 커피 이야기

김성윤(조선일보 기자)

커피는 일상을 영위하는 데 꼭 필요한 현대인의 생필품이 되어 버렸다. 중독성 있는 향, 마실수록 감미로운 쓴맛, 각성효과, 마음의 평화까지 제공하는 커피. 이 책에서 저자는 커피의 발견에 얽힌 이야기를 통해 그 기원을 설명한다. 커피의 문화사뿐만 아니라 커피에 대한 일반적인 정보 및 오해에 대해서도 쉽고 재미있게 소개한다.

021 색채의 상징, 색채의 심리

박영수(테마역사문화연구원 원장)

색채의 상징을 과학적으로 설명한 책. 색채의 이면에 숨어 있는 과학적 원리를 깨우쳐 주고 색채가 인간의 심리에 어떤 작용을 하는지를 여러 가지 분야의 사례를 통해 설명한다. 저자는 색에는 나름대로의 독특한 상징이 숨어 있으며, 성격에 따라 선호하는 색채도 다르다고 말한다.

001 미국의 좌파와 우파

이주영(건국대 사학과 명예교수)

진보와 보수 세력의 변천사를 통해 미국의 정치와 사회 그리고 문화가 어떻게 형성되고 변해왔는지를 추적한 책. 건국 초기의 자유방임주의가 경제위기의 상황에서 진보-좌파 세력의 득세로 이어진 과정, 민주당과 공화당의 대립과 갈등, '제2의 미국혁명'으로 일컬어지는 극우파의 성장 배경 등이 자연스럽게 서술된다.

002 미국의 정체성 10가지 코드로 미국을 말하다

김형인(한국외대 연구교수)

개인주의, 자유의 예찬, 평등주의, 법치주의, 다문화주의, 청교도 정신, 개척 정신, 실용주의, 과학·기술에 대한 신뢰, 미래지향성과 직설적 표현 등 10가지 코드를 통해 미국인의 정체성과 신념을 추적한 책. 미국인의 가치관과 정신이 어떠한 과정을 통해서 형성되고 변천되어 왔는지를 보여 준다.

058 중국의 문화코드

강진석(한국외대 연구교수)

중국의 핵심적인 문화코드를 통해 중국인의 과거와 현재, 문명의
형성 배경과 다양한 문화 양상을 조명한 책. 이 책은 중국인의 대
표적인 기질이 어떠한 역사적 맥락에서 형성되었는지 주목한다.
또한, 구체적이고 실제적인 여러 사물과 사례를 중심으로 중국인
의 사유방식에 대해 설명해 주고 있다.

057 중국의 정체성　　eBook

강준영(한국외대 중국어과 교수)

중국, 중국인을 우리는 과연 어떻게 이해해야 하나? 우리 겨레의
역사와 직·간접적으로 끊임없이 영향을 주고받은 중국, 그러면
서도 아직까지 그들의 속내를 자신 있게 말할 수 없는, 한편으로
는 신비스럽고, 한편으로는 종잡을 수 없는 중국인에 대한 정체성
을 명쾌하게 정리한 책.

015 오리엔탈리즘의 역사　　eBook

정진농(부산대 영문과 교수)

동양인에 대한 서양인의 오만한 사고와 의식에 준엄한 항의를 했
던 에드워드 사이드의 오리엔탈리즘. 이 책은 에드워드 사이드의
이론 해설에 머무르지 않고 진정한 오리엔탈리즘의 출발점과 그
과정, 그리고 현재와 미래의 조망까지 아우른다. 또한 오리엔탈리
즘이 사이드가 발굴해 낸 새로운 개념이 결코 아님을 역설한다.

186 일본의 정체성　　eBook

김필동(세명대 일어일문학과 교수)

일본인의 의식세계와 오늘의 일본을 만든 정신과 문화 등을 소개
한 책. 일본인을 지배하는 이데올로기는 무엇이고 어떤 특징을 가
지는지, 일본을 주목해야 하는 이유는 무엇인지 등이 서술된다. 일
본인 행동양식의 특징과 토착적인 사상, 일본사회의 문화적 전통
의 실체에 대한 분석을 통해 일본의 정체성을 체계적으로 살펴보
고 있다.

261 노블레스 오블리주 세상을 비추는 기부의 역사

예종석(한양대 경영학과 교수)

프랑스어로 '높은 사회적 신분에 상응하는 도덕적 의무'를 뜻하는 노블레스 오블리주. 고대 그리스부터 현대까지 이어지고 있는 노블레스 오블리주의 역사 및 미국과 우리나라의 기부 문화를 살펴보고, 새로운 시대정신으로 노블레스 오블리주를 부활시킬 수 있는 가능성을 모색해 본다.

396 치명적인 금융위기, 왜 유독 대한민국인가   eBook

오형규(한국경제신문 논설위원)

이 책은 전 세계적인 금융 리스크의 증가 현상을 살펴보는 동시에 유달리 위기에 취약한 대한민국 경제의 문제를 진단한다. 금융안정망 구축 방안과 같은 실용적인 경제정책에서부터 개개인이 기억해야 할 대비법까지 제시해 주는 이 책을 통해 현대사회의 뉴노멀이 되어 버린 금융위기에서 살아남는 방법을 확인해 보자.

400 불안사회 대한민국, 복지가 해답인가   eBook

신광영 (중앙대 사회학과 교수)

대한민국 사회의 미래를 위해서 복지는 선택이 아니라 필수라고 말하는 책. 이를 위해 경제 위기, 사회해체, 저출산 고령화, 공동체 붕괴 등 불안사회 대한민국이 안고 있는 수많은 리스크를 진단한다. 저자는 사회적 위험에 대응하기 위한 복지 제도야말로 국민 모두의 삶의 질을 높일 수 있는 길이라는 것을 역설한다.

380 기후변화 이야기   eBook

이유진(녹색연합 기후에너지 정책위원)

이 책은 기후변화라는 위기의 시대를 살면서 우리가 알아야 할 기본지식을 소개한다. 저자는 기후변화와 관련된 핵심 쟁점들을 모두 정리하는 동시에 우리가 행동해야 할 실천적인 대안을 제시한다. 이를 통해 독자들은 기후변화 시대를 사는 우리가 무엇을 해야 할 것인지에 대하여 생각해 볼 수 있을 것이다.

eBook 표시가 되어있는 도서는 전자책으로 구매가 가능합니다.

(주)살림출판사
www.sallimbooks.com
주소 경기도 파주시 문발동 522-1 | 전화 031-955-1350 | 팩스 031-955-1355